a

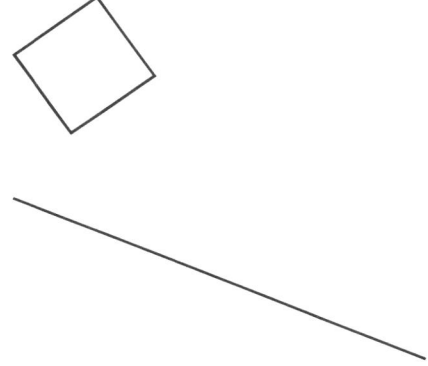

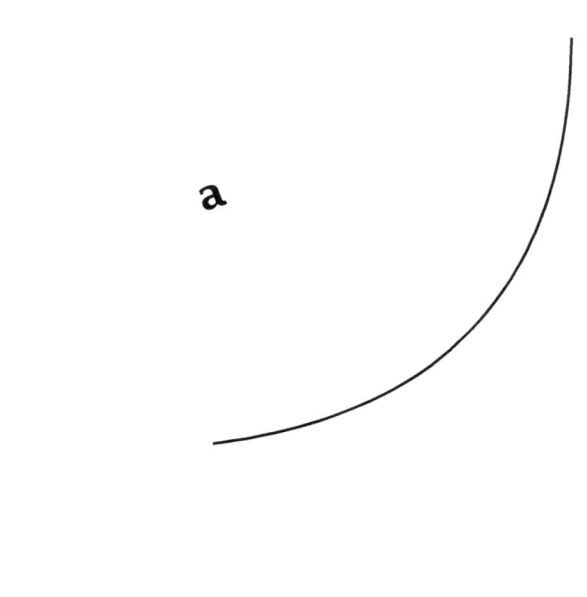

a

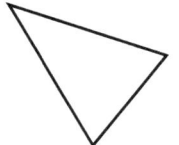

Gabriela Dumitrescu

T^anzt mit euren Kindern

Ratgeber

Bibliografische Information der Deutschen
Nationalbibliothek:
Die Deutsche Nationalbibliothek verzeichnet diese
Publikation in der Deutschen Nationalbibliografie;
detaillierte bibliografische Daten sind im Internet
über http://dnb.dnb.de abrufbar.

Umschlag - und Buchgestaltung:
Gabriela Dumitrescu & Katharina Buccarello

Herstellung und Verlag: BoD – Books on Demand,
Norderstedt

ISBN: 978-3-7557-1626-6

Den Kindern dieser Welt gewidmet
(auch denen, die in den Erwachsenen stecken)

„Tanzt, tanzt, sonst sind wir verloren.“
Pina Bausch

Einleitung

Was Menschen brauchen

Tanz - eine Beschreibung

Kindergartenkinder selber fördern

Gemeinsam tanzen

Einl^eitung

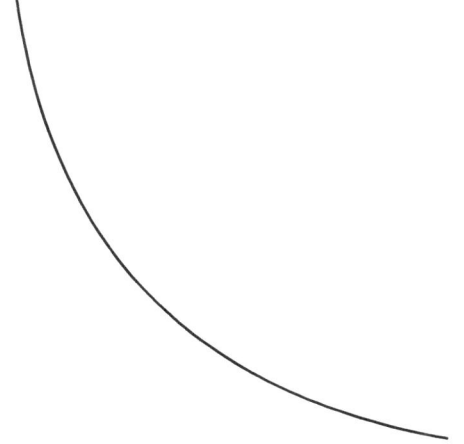

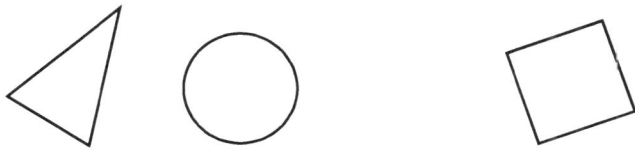

Kinder wollen spielen

Jeder, der ein Kind schon mal beobachtet hat, weiß, dass Kinder spielen wollen. Nicht nur wollen sie spielen, sondern es ist sozusagen ihre Aufgabe, ihr „Job". Spielen ist das, was Kinder tun, und spielen ist das, was Kinder mehr als alles andere zu kreativen, intelligenten, mitfühlenden Erwachsenen macht.

Gerade die Kindergartenkinder müssen spielen dürfen. Es erscheint geradezu absurd so etwas zu schreiben. Dennoch ist es notwendig. Viel zu ernst und schwer wird die Kindheit heute genommen. Viele Kinder kommen schon mit wenigen Monaten in den Kindergarten, weil die Eltern es nicht anders organisieren können. Die Pflicht, „der Ernst des Lebens" beginnt heutzutage früh im Leben eines Menschen.

Eltern wollen ihre
Kinder fördern

Das beginnt schon im Mutterleib – zum Beispiel mit besonderer Musik, der das Kind ausgesetzt wird, um die optimale Entwicklung des Gehirns zu fördern. Im Kindergarten lernt es mindestens schon Englisch, geht zum „Ballett", Aikido, in den Fußball-Verein, lernt ein Musikinstrument etc. etc. Weil wir Menschen doch nie wieder so aufnahmefähig sind wie im Kleinkind- und Kindergartenalter. Eltern wollen, dass ihre Kinder so viel wie möglich so früh wie möglich können.

Kinder werden zu Spezialisten gebracht; zu Musik-, Tanz-, Sprach-, Sportpädagogen. Zu Osteopathen, zu Logopäden, zu Ergotherapeuten. Diese Spezialisten sollen dafür sorgen, dass ihr Kind „optimal gefördert" wird.

Das ist alles mehr als verständlich. Eltern wollen alles geben für ihre Kinder, ihnen Vorsprung verschaffen, wo sie können, sie wollen für ihre Kinder ein gutes Leben und versuchen die Grundlagen dafür zu schaffen.

Die KinderTanzSchule

Die KinderTanzSchule habe ich damals auf Wunsch einiger Eltern aus dem Kindergarten meiner beiden Söhne gegründet: „Überall gibt es jahrelange Warte-listen - kannst DU nicht einen Kurs anbieten?"

Eigentlich wollte ich gar nicht. Mit Kindergartenkin-dern hatte ich noch nie gearbeitet, und ich war skep-tisch, ob ich das überhaupt könnte.

Ich bereitete den ersten Kurs vor - und stellte in der ersten Stunde fest, dass meine ganze Vorbereitung überflüssig gewesen war. Ich verwarf alle Ideen, das ganze theoretische Konzept und versuchte, mich auf die Kinder und ihre Ideen einzulassen.

Das hatte Erfolg.
So wuchs die KinderTanzSchule, und bald hatte ich schon fünf Kurse.

Doch je länger ich unterrichtete, desto deutlicher wurde für mich, dass diese Art der Förderung nicht wirklich gut ist für die Kinder.

Die meisten Kinder waren zwischen drei und fünf Jahren alt, hatten einen langen Kindergartentag hinter sich und waren ganz erschöpft, als sie bei mir ankamen. Die Eltern mussten oft hetzen, um pünktlich da zu sein.

Ich versetzte mich an die Stelle der Kinder: vielleicht wurden einige morgens geweckt statt ausschlafen zu können, in den Kindergarten gebracht, vielleicht noch ganz verschlafen, schnell schnell, Mama/Papa muss los, du kennst doch hier alle, deine Freunde sind doch auch hier, Küsschen, bis später mein Schatz – ob sie wollen oder nicht, ob sie einen guten Tag haben oder nicht, sie müssen oft mindestens acht Stunden mit den anderen Kindern (manche in Gruppen von bis zu 30 Kindern) und ErzieherInnen verbringen. Vielleicht wird der Tag gut, vielleicht aber auch nicht. Nach dem Mittagessen kommt die Mittagsruhe; manche wollen länger schlafen, werden aber aus dem Schlaf gerissen, weil der Ablauf es so verlangt, andere wollen gar nicht schlafen, müssen aber, weil der Ablauf es so verlangt. Irgendwann werden sie von der erschöpften Mama/vom gehetzten Papa abgeholt und – schnell schnell – zum Tanzen gebracht. Dort fix umziehen, alle anderen sind ja schon da, und wieder: Tschüss bis nachher, mein Schatz, Du bist doch schon groß, ich bin ja nachher wieder hier, viel Spaß. Eine neue Gruppe, nicht so groß, aber immerhin vier oder fünf Kinder. Und hier gab es keine Eingewöhnung wie im Kindergarten. Und jetzt sollen sie was lernen, gefördert werden.

Ja, das war oft anstrengend, für die Kinder und für mich. Natürlich haben wir auch viel Spaß gehabt, und es gab Kinder, die für ihr Leben gern gekommen sind und voller Begeisterung und Energie die ganzen fünfundvierzig Minuten mit ganzer Seele dabei waren. Aber das war die Ausnahme. Die meisten Kinder waren nach zwanzig, spätestens nach dreißig Minuten ausgepowert. Ich habe die Stunden rhythmisiert, Pausen eingebaut, wo die Kinder sie brauchten oder wollten, aber das war auch schwierig, weil ja jedes Kind einzigartig ist und eigene Bedürfnisse hat.

Was ich erlebte war, dass die Kinder genau das brauchten, was auch uns Erwachsenen heutzutage am meisten fehlt: Raum und Zeit für sich, aufmerksame, liebevolle Bereitschaft zur Unterstützung, ein mit Leichtigkeit und Freude geführter Dialog, Entspannung, ein echtes, positives, inspirierendes Vorbild, und einige wenige, gezielte Impulse, die die Kinder in ihrem Tempo, nach ihren Vorlieben und auf ihre eigene Weise aufgreifen konnten – oder eben nicht.

Und so habe ich die Konsequenzen gezogen und eine Unterrichtspause eingelegt, die ich genutzt habe, um über eine neue Art der Förderung nachzudenken, die den Kindern gerecht wird. Und die Eltern und ErzieherInnen einlädt, selber aktiv zu werden. Denn wie heißt es so schön:
„Man muss sich gar nicht so sehr anstrengen, die Kinder zu erziehen, sie machen einem sowieso alles nach."

Dieser Ratgeber ist das Ergebnis meiner Überlegungen. Es ist außerdem ein Plädoyer zu einem anderen Umgang mit Körperlichkeit.

Das beeindruckendste und irgendwie auch schockierendste Erlebnis zum Thema Körperlichkeit, das ich bisher in meinem Unterricht hatte, war folgendes:

Ein vierjähriges Mädchen kam neu in einen meiner Kurse. In der ersten Stunde nach vielleicht zehn Minuten kam dieses Mädchen zu mir und sagte mit einer Mischung aus Verwunderung, Entsetzen und Nicht-Fassen-Können: „Ich schwitze!"

Und immer und immer wieder die fast entrüstete Aussage von drei- bis vierjährigen Kindern im Unterricht: „Das ist anstrengend!"

Dazu kann ich nur sagen: Ja! Es ist anstrengend sich zu bewegen, sich über die eigene Körperlichkeit auszudrücken. Es fordert ganz bestimmte Kräfte in uns, die aber gefordert und entwickelt werden müssen, weil uns sonst ein Großteil unserer Lebenskraft nicht zur Verfügung steht; weil wir sonst keine Ahnung haben, was in uns steckt, wie viel Kraft wir haben, wer oder was wir sonst noch alles sein könnten.

Unser Körper ist das, was es uns ermöglicht dieses Leben zu leben. Er ist die Grundlage unseres Lebens. Wenn wir in unserem Körper sind, sind wir in unserem Leben. Der Körper wird geboren, wächst, entwickelt sich, der Körper stirbt. Das ist das Leben. Zugegeben, das ist eine extrem reduzierte Kurzfassung, trifft aber den Kern der Sache. Wenn wir unseren Körper ablehnen, wenn wir uns schämen uns über unsere Körperlichkeit auszudrücken, dann lehnen wir einen wesentlichen Teil unseres Lebens ab und schneiden uns selbst ab von der Kraft, die uns das Leben zu bieten hat.

Im Tanz ist das Leben leicht und fröhlich; auch wenn es ein trauriger Tanz ist, ist die Empfindung im Körper eine freudige. Es ist eine Empfindung des Lebendigseins.

Wie alles in unserer Gesellschaft, das uns an unser Körpersein erinnert, wird auch der Tanz ab- und ausgegrenzt, in besondere Situationen und Räume geschoben. Man tanzt in Clubs, auf Hochzeiten und anderen Feierlichkeiten und geht ins Theater oder manchmal auch ins Kino, um anderen beim Tanzen zuzusehen. Warum tanzen wir nie einfach so? Auf der Straße zum Beispiel? Wie Kinder es manchmal tun? So, wie die Straßenmusiker einfach irgendwo Musik machen, könnte man doch einfach dazu tanzen. Breakdance und Hip-Hop zeigen, dass es geht. Und statt selber einfach anzufangen, wo man gerade ist, geht man in Tanzstudios, um Breakdance und Hip-Hop zu lernen.

Gerade Jungs wird es sehr schwer gemacht gern zu tanzen. Die Vorurteile gegenüber tanzenden Männern sind geradezu unüberwindliche Hindernisse. Dabei ist Tanz auch unglaublich athletisch, kräftig, männlich. Tanz ist immer genau so, wie ein Tanzender ihn ausführt. Ganz besonders für Jungs ist es wichtig, in Kontakt mit dem Körper zu kommen und diesen Kontakt zu entwickeln, weil das der Schlüssel zu einer ausgeprägten Sensibilität und Emotionalität und damit zu einem gesunden Sozialverhalten ist. Je differenzierter man den eigenen Körper wahrnimmt und spürt, desto differenzierter kann man auch andere wahrnehmen.

Zu tanzen sollte so alltäglich und selbstverständlich sein wie Musik zu machen oder zu zeichnen oder Gedichte zu schreiben. Da ist es ja schließlich auch egal, ob ein Mädchen oder ein Junge das tut. Damit das so wird, müssen Eltern ihren Kindern das vorleben, also selber tanzen. Weil das wahrscheinlich nicht so einfach „per Knopfdruck" geht, verstehe ich diesen Ratgeber auch als Inspiration für Eltern, die Lebensfreude, die im Tanz steckt „anzuzapfen" und daraus für sich selbst zu schöpfen.

Auch ErzieherInnen möchte ich einladen darüber nachzudenken, ob sie Tanz nicht als organischen Teil in den Kindergartenalltag einflechten möchten. Nicht als extra Kurs, von jemand anders unterrichtet, sondern einfach so, aus Freude am Tanzen, als Bereicherung des Alltags und als machtvolles Mittel zur Förderung des Potenzials der Ihnen anvertrauten Kinder.

Was Menschen brauchen

(Dies ist selbstverständlich keine vollständige Liste der Dinge, die Menschen brauchen. Ich beziehe mich hier nur auf die Aspekte, die in meinem Unterricht als wesentliche Elemente und Bedürfnisse aufgetaucht sind und nichtsdestotrotz von allgemeiner Gültigkeit sind.)

RAUM

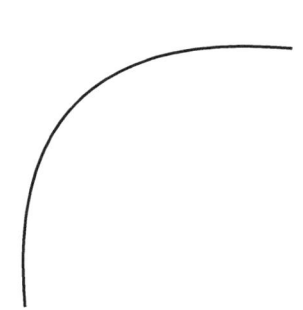

& ZEIT

FÜR SICH

Wie oft am Tag haben Ihre Kinder Zeit für sich zu sein, zu sich zu kommen, den eigenen Ideen und Impulsen zu folgen? Wie oft am Tag steht Ihren Kindern dafür ein eigener Raum (drinnen oder draußen) zur Verfügung? Wie lang haben Ihre Kinder im Alltag Zeit für sich zu sein?

Und Sie? Wie steht es mit Ihnen? Und fehlt Ihnen nicht etwas, wenn Sie weder Zeit noch Raum für sich haben?

So ein Kindergartentag ist anstrengend. Ich kann mich noch gut an die Eingewöhnungen meiner Kinder erinnern, und ich war jedes Mal froh, wenn ich endlich nicht mehr dabei sein musste. Schon allein wegen des Geräuschpegels. Kinder haben das an fünf Tagen in der Woche. Verstehen Sie mich nicht falsch, ich bin unbedingt eine Freundin von Kindergärten, wenn sie gut sind und pädagogisch qualifiziert. Aber selbst dann sind sie anstrengend und fordern die Kräfte unserer Kinder.

Wenn Sie von der Arbeit nach Hause kommen – was tun Sie dann am liebsten? Einen Kaffee trinken, erstmal was Bequemes anziehen, etwas essen, sich kurz hinlegen, erzählen .... Jeder hat seine eigene Strategie, um anzukommen und auf „Familie" umzuschalten. Immerhin, Sie müssen (mindestens) einen Rollenwechsel vollziehen – von Berufstätiger/em zu Mutter/Vater und dann, manchmal, auch noch zu Partner.

Was brauchen Ihre Kinder, um zu Hause anzukommen? Etwas zu essen, spielen, kuscheln ....? Und wenn alle innerlich angekommen sind (mal angenommen, alle kommen zur selben Zeit und brauchen auch gleich lang dafür – was ja selten der Fall ist): Was geschieht dann? Wahrscheinlich startet dann schon das „Abendprogramm".

Vielleicht schafft man noch ein Gespräch miteinander beim Abendessen, vielleicht auch mal ein Gesellschaftsspiel, dann etwas gemeinsam mit den Kindern lesen.

Die unterschiedlichen Rhythmen, denen wir alle ausgesetzt sind, bestimmen unser Leben. Wer kennt seinen eigenen, eigentlichen Rhythmus? Wer kennt die Rhythmen seiner Kinder? Wie groß ist der Toleranz-Rahmen dieser Rhythmen, das heißt wie viel Abweichung in die eine (schnellere) oder andere (langsamere) Richtung fühlt sich noch gut an? Wie viel Beachtung schenken wir dem?

Grob gesagt ist Rhythmus eine Folge von Dauern und Pausen. Raum und Zeit für sich zu haben bedeutet in meinen Augen: Eine der eigenen Persönlichkeit angemessene Folge von Dauern und Pausen sowie einen Wechsel von Außen- und Innenräumen zu erleben.

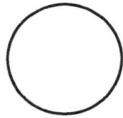

Unterstützung

Eine der größten Herausforderungen im Unterricht bestand für mich darin eigene Ideen loszulassen und den Ideen der Kinder zu folgen. Es galt, mich zusammen mit den Kindern in einen kreativen Fluss zu begeben, den ich überblicken und bis zu einem gewissen, immer neu und ad hoc festzulegenden Punkt doch steuern musste; damit er nicht ausuferte. Das war oft sehr schwer, weil jedes Kind ganz eigene und unterschiedlich stark ausgeprägte Befindlichkeiten mitbrachte. Aber es war, wenn es gelang, magisch, erfüllt von Freude und Lachen.

Die Steuerung geschah einerseits dadurch, dass ich selber alles mitgetanzt und so auf ganz direktem, einfachen Weg Bewegungsqualitäten vorgegeben habe (springen, drehen, krabbeln, schleichen ...) Und andererseits dadurch, dass ich meinen Blickwinkel so sehr geweitet habe, wie nur möglich und bestenfalls alle Kinder dauernd, wenn auch nur peripher, im Blick hatte.

So konnte ich zum Beispiel ein Kind, das, aus welchem Grund auch immer, am Rand stehengeblieben war, durch einen Blick oder eine Geste anregen wieder einzusteigen. Oder ich bin hingegangen und hab gefragt, ob es müde ist. Habe es entweder ermuntert mitzumachen oder sich auszuruhen.

Überhaupt habe ich das Ruhebedürfnis der Kinder immer sehr ernst genommen. Oft hat es Wunder gewirkt, wenn die Kinder sich fünf Minuten einfach hinsetzen und zuschauen durften. Manchmal haben sich alle hingesetzt, als Spiel, um zu sehen, was ich machen würde. Dann habe ich ihnen manchmal etwas vorgetanzt, danach durfte jeder, der wollte, auch einzeln vortanzen. Oder sie durften sich etwas wünschen. Oder ich habe ein kleines Gedicht vorgelesen, aus dem neue Bewegungsimpulse kamen.

Das wichtigste war, die Kinder ernst zu nehmen in dem, was sie sagen und tun, und das dann zu beja-hen und zu unterstützen. Letztendlich ging es also um die Bereitschaft, mich auf die Kinder einzulassen, egal wie sie gerade gelaunt waren.

Dialoge

Der beste Einstieg in eine Unterrichtsstunde ist für mich immer gewesen, mich selbst zu bewegen/zu tanzen und dabei mit den Kindern, die nach und nach ankamen, zu sprechen. Oft sind sie gleich in die Bewegung eingestiegen, haben in irgendeiner Form ein kleines „tänzerisches Zwiegespräch" mit mir geführt. Das hatte auf mich eine befreiende Wirkung, ich war gleich in meinem Element, und die Kinder haben das gespürt. Man nennt das heute „Authentizität". Ich war ich, und so konnten die Kinder ebenfalls sie selbst sein. Darauf stellte sich quasi ganz von selbst ein leichter, spielerischer Ton ein, der den Kindern viel Freude gemacht und sie gut durch die Stunde getragen hat.

Ich habe viel daraus mitgenommen für die Beziehung zu meinen eigenen Kindern. Der Schlüssel ist immer die Freude, die Leichtigkeit. Dann fühlen sich alle gut, sind aufnahmebereit und fähig Neues zu entdecken, das bedeutet: sich zu entfalten. Letztendlich ist alles, was wir an Neuem im Außen entdecken etwas Neues in uns selbst. Und alles, was wir in uns entdecken, verändert unsere eigene, persönliche Welt.

ENT

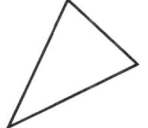

———————————

SPANNUNG

Mittlerweile werden in manchen Kindergärten Entspannungsübungen mit den Kindern gemacht. Es gibt geführte „Phantasie-Reisen", bestimmte Yoga-Übungen, Atemübungen und anderes. Das ist natürlich eine schöne Sache, zeigt jedoch gleichzeitig, dass das Stress-Level insgesamt relativ hoch sein muss, denn sonst wäre es ja nicht nötig diese Dinge in den Kindergarten-Alltag zu integrieren.

Einerseits ist es gut, dass Kinder früh an Möglichkeiten herangeführt werden mit Stress umzugehen, denn die Welt, in die sie wachsen, fordert das von ihnen. Andererseits ist es völlig verrückt – eigentlich müsste es einem Kind einfach erlaubt sein, seinen eigenen Bedürfnissen zu folgen. Ein Kind (übrigens auch ein Erwachsener), das mit sich selbst in Kontakt ist, wird instinktiv das Richtige tun, sei es in Bezug auf das, was es essen möchte, sei es in Bezug auf Ruhe/Schlaf und Aktivität.

Das ist aber nicht das, was kultiviert und gefördert wird. Und so verlieren Kinder ziemlich früh den Kontakt zu sich selbst und werden „fremdgesteuert".

In meinem Unterricht habe ich es oft erlebt, dass Kinder mit einer sehr offenen Aufgabenstellung extreme Probleme hatten, z.B.: „Bewege Dich wie ein Tier Deiner Wahl". Noch dazu lag die Konzentrationsspanne bei vielen Kindern anfangs bei maximal zwanzig Sekunden. Danach mussten sie einen neuen Impuls haben. Blieb der aus, hieß es: „Mir ist langweilig!"

Das hat sich nach und nach geändert, und zwar in dem Maße, in dem die Kinder sich entspannen und sie selbst sein durften. Einmal in Kontakt mit sich, kamen eigene Ideen, die sie dann auch sehr viel länger verfolgen konnten.

Alle paar Wochen habe ich ein Lied ausgewählt, das circa zwei Minuten lang war und die Aufgabe gestellt, dass von Anfang bis Ende des Liedes nur getanzt werden durfte, ohne zu kichern, zu reden, Quatsch zu machen. Wenn es gelang, war auch das magisch. Es hatte eine unbeschreiblich befreiende Wirkung auf die Kinder.

Entspannung bringt Konzentration hervor. Das ist ein extrem wichtiger Aspekt, der viel zu wenig Beachtung findet.

Vorbilder

Eltern sind die ursprünglichen Autoritäts- und Bezugspersonen sowie Vorbilder der Kinder. Wenn Eltern wollen, dass die Persönlichkeit ihrer Kinder sich so voll wie möglich entfaltet, müssen sich Eltern die Frage stellen, inwieweit sie ihre eigene Persönlichkeit entfaltet haben. Denn ihre Kinder werden ihnen nacheifern. Zunächst genau bis zu dem Punkt, bis zu dem sie selber gekommen sind. In dem Maße, wie Sie sich selbst Entwicklung zugestehen, erlauben sie auch ihren Kinder sich zu entfalten.

Dieses Prinzip wirkt oft viel länger als man glauben würde, oft ein ganzes Leben lang. Kinder haben es schwer, über ihre Eltern hinauszugelangen.

Welche Verhaltensmuster sollen Ihre Kinder nachahmen? Und welche Personen wollen Sie Ihnen als Vorbilder geben? Hier beziehe ich mich auf ErzieherInnen und sämtliche Kursleiter, die für Ihr Kind in Frage kommen.

Es ist von äußerster Wichtigkeit sich diese Frage zu stellen, wie auch immer die Antworten darauf lauten.

Jedem Menschen tut es gut inspiriert, beseelt zu werden, eine Idee, eine Eingebung zu haben. Jeder kennt das: plötzlich leuchtet etwas auf, die Augen und das Gesicht strahlen, ein Lächeln umspielt die Lippen. Man fühlt sich stark, frei, gut, glücklich. Ein guter Ausgangspunkt, um Neues zu entdecken, zu entwickeln, zu entwerfen.

Es tut gut Vorbilder zu haben, die inspirieren, die durch ihr Dasein und ihr Tun neue Möglichkeiten für einen selbst eröffnen. Vorbilder, die selbst inspiriert sind, die gute Laune verbreiten, fröhlich und experimentierfreudig und neugierig sind.

Nicht, dass irgendeiner von uns das dauernd sein könnte oder sollte. Dennoch wäre es als Grundtenor sehr wohltuend ....

Gezielte Impulse

Es war erstaunlich mitzubekommen, wie extrem unterschiedlich Kinder lernen. Manche blieben am Rand, schauten, lernten über das Sehen. Irgendwann, vielleicht in der fünften oder sechsten Stunde, stiegen sie ins Geschehen ein. Eltern berichteten oft, dass diese Kinder zu Hause ganz stolz vorführten, was sie an diesem Tag alles gelernt hätten. Dabei hatten sie es im Unterricht nicht ein einziges Mal selbst gemacht. Andere Kinder sind von Anfang an mit Leib und Seele dabei, probieren alles aus, machen sich gar nichts daraus viele Male in einer Stunde zu stolpern oder hinzufallen. Sie haben einfach Freude an der Bewegung.

Die Struktur meiner Stunden entwickelte sich aus unterschiedlichen „Modulen", die ich den Kindern anbot und über Wochen immer wieder wiederholte. So begann jede Stunde grundsätzlich mit der Titelmusik zum Film „Der rosarote Panther". Das wussten die Kinder, der Einstieg war also klar.

Innerhalb dieser Module habe ich ganz willkürlich, entweder nach eigenem Gefühl oder auf Verlangen der Kinder verschiedenste Impulse eingestreut. Ganz kurze Sequenzen, in denen ich beispielsweise gezeigt habe, was man beim Abspringen und beim Landen aus einem Sprung alles beachten kann. Das dauerte dann vielleicht dreißig Sekunden, wenn die Kinder sehr aufmerksam und sehr „gut drauf" waren auch mal eine Minute. Oft aber noch weniger als dreißig

Sekunden. Dann haben wir einfach wie gehabt weiter gemacht.

So ein Impuls war wie Blumensamen verstreuen: bei einem oder mehreren der Kinder ist daraus ein Blume gewachsen, bei manchen Kindern war der Boden noch nicht bereit oder der „Samen" schlicht und einfach ungeeignet. Zum Beispiel fingen viele Kinder irgendwann an Pirouetten zu drehen. Ohne dass ich das im Detail jemals erklärt hätte. Aus dem ganz natürlichen Spaß am Um-Sich-Selbst-Drehen und einer Anregung, das mal auf einem Bein zu probieren, wurden mit der Zeit fast ganz „kunstgerechte" Pirouetten.

Immer wieder kamen Mütter zu mir, deren Kinder ein halbes Jahr, ein ganzes Jahr oder sogar noch länger bei mir getanzt hatten und berichteten voll Freude, Überraschung und Stolz, wie ihr Kind auf einer Feier oder zu Hause plötzlich angefangen habe zu tanzen oder eigene Choreographien zu entwickeln und ganz aufgegangen sei in der eigenen Bewegung.

Es braucht nicht viel, um die Entwicklung von Kindern zu fördern:
Sich für das Kind zu öffnen, sich auf seine Art und Weise zu sein einzulassen und zu spüren, wann es seinerseits „ein Fenster öffnet"; oder vielleicht sogar eine Tür – dann gerade so weit zu gehen, wie das Kind es verträgt und sich sofort zurückzuziehen, wenn das Kind das Fenster oder die Tür wieder schließt; das ist eigentlich schon alles.

Warum erzähle ich Ihnen das alles? Weil ich denke, dass Sie das genauso gut können wie ich, mit großer Wahrscheinlichkeit sogar besser. Sie können Ihren Kindern Raum und Zeit für sich geben, aufmerksame, liebevolle Bereitschaft zur Unterstützung signalisieren, Dialoge (sowohl verbal als auch tänzerisch) mit Leichtigkeit und Freude führen, für Entspannung sorgen, ein echtes, positives, inspirierendes Vorbild sein, und einige wenige, gezielte Impulse geben. Sie können das am allerbesten, weil niemand Ihre Kinder besser kennt als Sie. Sie sind die Experten für die Belange Ihrer Kinder. Es geht darum eine Ebene mit den Kindern zu finden, auf der ein lebendiger Austausch stattfinden kann. So weit, wie Sie sich auf Ihre Kinder einlassen, werden sich Ihre Kinder öffnen und für Anregungen bereit sein.

Haben Sie keine Angst etwas falsch zu machen. Haben Sie Spaß mit Ihren Kindern, freuen Sie sich mit Ihnen, machen Sie daraus das Highlight der Woche, ein Event nur für Sie und Ihr Kind oder was Ihnen oder Ihrem Kind sonst noch so einfällt.

ErzieherInnen möchte ich ermutigen, Tanz in den Vormittag einzubauen, nicht in die Nachmittagsstunden zu schieben. Wenn möglich sollte es das erste sein, was Sie mit den Kindern gemeinsam tun, am besten noch vor dem Morgenritual, bevor man sich in den Kreis setzt und erzählt, bevor man sich zum Frühstück begibt. Sie werden staunen, wie viel entspannter, fröhlicher und harmonischer der ganze Tag verläuft.

T^anz

eine
Beschreibung

Für Tanz eine Definition zu finden ist eine schwierige Sache, weil man hier etwas mit Worten zu fassen versucht, was sich dem Wesen nach den Worten entzieht. Höchstens kann man versuchen, die Erscheinungsform, sozusagen den im weitesten Sinne sichtbaren, erkennbaren Teil zu beschreiben:

Tanz hat mit dem körperlichen Ausdruck von Empfindungen, von seelischen Vorgängen zu tun, die man nicht mit Worten bezeichnen kann.

Gleich an dieser Stelle möchte ich Tanz gegen Pantomime abgrenzen. In der Pantomime drückt der Körper etwas aus, was man auch mit einem Wort bezeichnen kann. Das können Gefühle sein wie Trauer, Freude oder Angst, oder auch ganze Geschichten wie „ein alter Mann geht mit seinem Hund spazieren". Die Kunst in der Pantomime liegt darin, nur mit dem Körper und dem Gesichtsausdruck den gewünschten Zustand oder die beabsichtigte Geschichte zu erzählen. Das Ziel ist also, dass jeder Zuschauer das gleiche sieht, wenn auch natürlich mit eigenen Assoziationen.

Beim Tanz ist das anders. Da sind vielleicht konkrete Gefühle, Geschichten oder auch Ideen Ausgangspunkt, aber was dann tatsächlich über den Körper ausgedrückt wird, ist eher ein sehr persönliches Verhältnis zu diesem Ausgangspunkt, eine Essenz, eine Qualität, so dass jeder Zuschauer etwas anderes sieht. Das, was getanzt wird, kann man nicht mit Worten bezeichnen, sondern nur über die eigene Körperlichkeit nachempfinden (Bei der Pantomime spielt dieses Nachempfinden über den eigenen Körper natürlich auch eine Rolle).

Es ist wie eine ganz eigene Sprache, die wir alle sprechen, weil wir alle einen Körper haben. Aber so, wie es verschiedene verbale Sprachen gibt (Dialekte, Landessprachen), gibt es auch verschiedene Tanzsprachen, und manche Menschen haben ein großes Vokabular, ein sehr differenziertes Gespür für die Grammatik und beherrschen mehrere Sprachen, während andere eher ein kleines Vokabular haben, sich mit einfachen Satzkonstruktionen zufrieden geben und nur eine Sprache sprechen.

Es gibt viele verschiedene Arten zu tanzen: Allein, als Paar oder in einer Gruppe; ganz spontan, innerhalb vorgegebener Strukturen oder als Improvisation. Um sich an einen Tanz zu erinnern, kann man ihn sogar aufschreiben. Das haben beispielsweise in der Renaissance und im Barock Tanzmeister erledigt. So konnten bestimmte Tänze präzise wiederholt und von unterschiedlichen Tänzern ausgeführt werden. Im Laufe der Zeit entstanden immer mehr Systeme, um Tanz und menschliche Bewegung aufzuzeichnen, worunter die Choreologie und die Labanotation die wichtigsten Notationssysteme im zwanzigsten Jahrhundert wurden. Heutzutage haben wir natürlich den Luxus, Tanz filmen und dadurch festhalten zu können.

Aber vielleicht haben Sie ja Lust, mit ihren Kindern ein eigenes Notationssystem zu entwickeln und Ihre Tänze auf diese Art im wahrsten Sinne des Wortes aufzuzeichnen ...

Funktionen

Tanz gab und gibt es in allen Kulturen. Manchmal hat Tanz rituelle und/oder religiöse Funktionen. Es wurde und wird zum Beispiel getanzt, um die Götter um eine bestimmte Gunst zu bitten oder um Heilung herbeizuführen.

Hat Tanz eine gesellschaftliche Funktion, geht es beispielsweise um Schaffung oder Demonstration von Gemeinschaft und Zugehörigkeit.

An dieser Stelle einen umfassenden Abriss der verschiedenen Tanzarten sowie deren Funktion zu liefern, sprengt den Rahmen dieses Ratgebers. Überdies gibt es viele gute Bücher und Abhandlungen zum Thema.

Der Vollständigkeit halber habe ich diesen Punkt dennoch angeführt und auch, um daraus die ein oder andere Anregung für Sie abzuleiten:

Volkstänze, Reigen und historische Schreittänze bergen wahre Schätze an Bewegungsmaterial, die man gerade mit Kindern ganz hervorragend nutzen kann. Schauen Sie sich Videos im Internet oder entsprechende Bücher an.

Musik

In den allermeisten Fällen hat Tanz mit Musik zu tun. Die Musik ist dann Grundlage, auch Anlass für und Ursprung von Tanz. Die einfachste, ursprünglichste Form dieser Verbindung ist wohl, etwas vor sich hin zu summen und dabei zu hüpfen, oder Schritte in einer rhythmischen Abfolge auszuführen.

Ebenso wie man das Wesentliche von Tanz nicht in Worte fassen kann, ist das auch in der Musik der Fall. Schon aus diesem Grund sind Tanz und Musik „Schwesterkünste". Sie bereichern, unterstützen und inspirieren sich gegenseitig. Die Stimmung eines Musikstücks kann Ausgangspunkt für einen Tanz sein, ebenso das Tempo und/oder der Rhythmus. Oder alles zusammen.

So, wie ein Musikstück komponiert wird, wird auch ein Tanzstück „komponiert", nur dass es im Tanz „Choreographie" heißt. Meistens greift eine Choreographie die Struktur und Stimmung der musikalischen Komposition auf, manchmal ist die Choreographie aber auch gegenläufig.

Es gibt Tanzstücke, die ohne Musik stattfinden, vor allem im zeitgenössischen Bühnentanz.

Kinderga͜tenkinder

———

**selber
fördern**

In meinen Augen ist die beste Art für Eltern, Kinder im Kindergartenalter (das heißt bis 6 Jahre) zu fördern, es selbst zu tun.

Wie ich bereits ausgeführt habe, sind die Kleinen vielfältigsten Stressfaktoren ausgesetzt und kommen viel zu selten zu sich und ihren eigenen Impulsen. Natürlich ist es wichtig für Kinder soziale, kognitive und andere Kompetenzen zu erwerben. Allerdings steht für mich das Kind in seinem So-Sein-Wie-Es-Eben-Ist absolut im Vordergrund. Es wird den Eltern den Gefallen tun, sich so zu verhalten, wie es von ihm erwartet wird, es wird sich anpassen und alles lernen, was die Eltern wollen. Manchmal tritt durchaus der Glücksfall ein, dass das, was die Eltern für ihr Kind wollen und das, was das Kind für sich will, ein und dasselbe sind. In den allermeisten Fällen jedoch (jedenfalls ist das meine Erfahrung) ist das nicht so. Was genau die Motive sind, ein dreijähriges Kind beispielsweise wöchentlich und zusätzlich zum Kindergarten-Alltag zum Tanzen, zum Geigenunterricht und zum Aikido zu schicken – darüber kann ich nur spekulieren.

Jeder Erwachsene in Erziehungsposition hat für sich die Möglichkeit und, wie ich meine, die Verantwortung zu überdenken, warum er/sie sein/ihr Kind in welchen Unterricht auch immer geben will.

Aus meiner Erfahrung kann ich sagen: Langfristig und am nachhaltigsten profitieren Kinder davon, dass sie Zugang zu sich und ihren Fähigkeiten auf- und ausbauen. Das können sie in den Kindergarten-jahren außerhalb des Kindergartens am allerbesten mit und bei den Eltern bzw. bei den Erwachsenen, bei denen das Kind aufwächst. Denn wer kennt Ihr Kind besser als Sie? Und wen kennt Ihr Kind besser als Sie? Wem vertraut es? Wen liebt es? Sie, die Eltern.

Im Kindergarten wird ein Kind sehr davon profitieren, dass die ErzieherInnen glaubwürdig sind und den Kindern mit Wohlwollen und Freude begegnen. Je mehr es ErzieherInnen gelingt, die Kinder in einen leichten, fröhlichen, entspannten Zustand zu versetzen, desto mehr werden Kinder Kontakt zu sich auf- und ausbauen und ihre Fähigkeiten entfalten können.

Vorlieben & Begabungen

Tanzen Sie eigentlich gern? Haben Sie selbst als Kind einmal Tanzunterricht gehabt? Und wie war das? Was wissen Sie noch davon? Was haben Sie daraus mitgenommen für Ihr Leben? Welche Kompetenzen haben Sie dadurch erworben? Wie alt waren Sie? War das ein gutes Alter?

Die meisten Eltern kommen anfangs zu mir mit den Worten: „Mein Kind tanzt so gern. Sobald irgendwo Musik läuft, fängt es an sich zu bewegen, und ich glaube, es ist richtig begabt." So oder so ähnlich. Da will ich immer antworten: „Das ist großartig! Legen Sie ganz oft Musik auf und machen Sie Platz im Zimmer!"

Mein jüngster Sohn liebt es sich zu bewegen. Was auch immer ihm an neuen Bewegungsmöglichkeiten begegnet, er will es lernen. So spielt er mit fünfeinhalb Jahren schon ziemlich gut Federball, Fußball sowieso, das neuste sind Volley- und Basketball. Sein Bruder ist knapp zwei Jahre älter, und er rennt schneller als der ältere Bruder, außerdem hat er mehr Ausdauer. Natürlich kämpfen sie ständig miteinander, nur so aus Spaß, und eine Bekannte, die Judoka ist, fragte mich, ob er schon lang Judo machen würde. Wenn gerade nichts anderes zu tun ist, übt er Kopfstand und hat sich neulich auf meinem Bett in den Kopfstand geschwungen, fröhlich geplappert und sich dabei in den Handstand hochgedrückt, dann wieder in den Kopfstand niedergelassen. Natürlich fängt er auch mit Begeisterung an zu tanzen, sobald er Musik hört. Oft wird daraus die verrückteste Clownsnummer, und in den allermeisten Fällen endet es mit einem Kopfstand. Seine beste Freundin im Kindergarten ist sehr gelenkig, was ihn ungemein beeindruckt, und neulich wollte er wissen, wie man es schafft Spagat zu machen. Ich habe es ihm gezeigt, und er wird es solange üben, bis er es kann.

Bei alledem hat dieses Kind nicht einen einzigen Kurs für irgendetwas besucht. Ich gebe zu, das ist außergewöhnlich. Kaum ein Kind hat solch eine ausgeprägte Freude an jeglicher Art von Bewegung wie dieses Kind. Mein Spitzname für ihn ist Flummi, weil er manchmal so elastisch durch die Gegend hüpft, dass er sich förmlich dabei überschlägt, man sieht geradezu die Funken schlagen; er versprüht pure Lebensfreude, und das ist einfach wunderbar.

Und jetzt raten Sie mir: in welchen Verein, in welchen Kurs sollte ich meinen Sohn geben? Meine Antwort ist ganz klar: in keinen, denn er fördert sich ja ganz prima selbst!

Oft werde ich dann von Menschen, die nicht wissen, was ich beruflich tue, gefragt, ob ich mich denn auch so gern bewege? Dann antworte ich: „Ja, Bewegung ist für mich alles, es gibt mir Energie, macht Spaß, hält fit, holt mich ins Hier und Jetzt, regeneriert mich."
Und hier schließt sich der Kreis: Mein Kind tut einfach das, was ich auch tue – es bewegt sich leidenschaftlich gern. Allerdings habe ich auch keinen Fernseher zu Hause, der es davon abhalten könnte.

Und hier noch ein paar Worte zum Thema „Begabung":

Zunächst gibt es günstige Anlagen für eine bestimmte Tätigkeit. Beim Tanzen etwa sind das körperliche

Voraussetzungen, und hier wieder kommt es sehr auf die Art von Tanz an, die man betrachtet. Weitere günstige Anlagen sind Rhythmusgefühl und Musikalität sowie gut koordinierte Bewegungen. Viele Kinder haben günstige Anlagen in Bezug auf Tanz. Manche haben nur einige davon, andere wiederum alle. Von diesen Kindern wiederum entfaltet nur ein Bruchteil diese Anlagen zu einer wirklichen Begabung. Das geschieht durch leidenschaftliches Tun, durch dauerndes Üben, das dem Kind Spaß macht und in keinster Weise als Anstrengung wahrgenommen wird, das vor allem aus eigenem Impuls und vollständig aus dem eigenen Wollen erwächst. Das bedeutet, dass das Kind sich vollständig mit seinem Tun verbindet und ganz darin aufgeht. Es ist glücklich in diesem Tun.

In meinem Unterricht habe ich viele Kinder mit guten bis sehr guten Anlagen für Tanz gesehen, das waren im Übrigen ebenso viele Jungs wie Mädchen. Die wenigsten davon haben sich dafür entschieden, aus ihren Anlagen Begabungen zu entfalten. Was auch immer der Grund dafür war und auch, wenn es mir in manchen Fällen extrem schwer fiel das zu akzeptieren, weil ich das ungeheure Potenzial gesehen habe – ich habe die Kinder gelassen und den Eltern geraten das gleiche zu tun. Kinder haben ein genaues Gespür für sich (wenn man es ihnen nicht aberzieht), und dieses Gefühl ist immer richtig – auch wenn es sich nicht unmittelbar für einen Außenstehenden erschließt.

Um eine Begabung entfalten zu können, muss ein Kind den Raum bekommen sich auszuprobieren. Und zwar einen möglichst unbelasteten, stressfreien, offenen Raum ohne Beurteilung und Zwang. Um es den Kindern noch einfacher zu machen, ist es nützlich, wenn Eltern (ErzieherInnen übrigens auch) ihre eigenen Begabungen entfaltet haben. (Es müssen überhaupt nicht die gleichen sein.) Denn Ihr Kind wird Ihnen alles (das bedeutet vor allem Ihr Verhalten) nachmachen; das ist sein Job, so entwickelt es Maßstäbe für die eigene Persönlichkeit und die eigene Sicht der Dinge.

Erwarten Sie nicht von Ihrem Kind Dinge für Sie zu tun. Wenn Sie sich selbst beispielsweise sehr wenig und nicht sehr gern bewegen, lassen Sie Ihr Kind das nicht durch die Teilnahme an einem Kindertanzkurs büßen. Fangen Sie an sich selbst zu bewegen, legen Sie Musik auf, tanzen Sie zu Hause oder belegen Sie selber einen Tanzkurs, oder am besten sowohl als auch.

Ihr Kind wird sehr wahrscheinlich bald Lust kriegen mitzumachen. Und wenn Sie merken, dass Ihr Kind sich wirklich sehr, sehr gern zu Musik bewegt, legen Sie so oft Musik auf, wie es nur geht. Geben Sie ihm Raum, lassen Sie es ausprobieren, lassen Sie es sich austoben und wieder aufhören, wann es will. Lassen Sie es machen, was es will. So kann Ihr Kindergartenkind seine Begabung entfalten.

Eltern-Kompetenz stärken

Eine Freundin von mir, die ich sehr bewundere, hat alles, was ihr Sohn (schon ein Schulkind) gelernt hat, ebenfalls gelernt, und das waren Geige und Judo. Mit ebenfalls null Vorkenntnissen hat sie Unterricht genommen genauso wie ihr Sohn, sie musste genauso Geige üben wie er und ebenso bei Judo-Wettkämpfen antreten wie er. Das hat sie mehrere Jahre mit der größten Selbstverständlichkeit durchgezogen. Für den Sohn war das ein großer Ansporn, und ich glaube, dass ihn das seine Mutter sehr hat achten lassen. Er hat erlebt, dass sie ihn und sich selbst ernst nimmt, dass sie das Lernen ernst nimmt sowie dem Entwickeln neuer Fähigkeiten großen Wert beimisst. Wahrscheinlich hatten Sie auch viel Spaß miteinander.

Ihr Kind möchte von Ihnen lernen, auch wenn es das Gegenteil behauptet. Nehmen Sie diese Rolle an so sehr Sie können, nehmen Sie sich selber ernst als Autorität, lernen Sie selber etwas Neues oder vertiefen Sie Dinge, die Sie schon können. Zeigen Sie Ihrem Kind, dass es Ihnen Spaß macht, sich mit etwas Neuem zu beschäftigen, lassen Sie es teilhaben an Ihren Gedanken und Ideen. Ihre Kinder werden kommen und Sie fragen: „Mama/Papa, wie machst Du das?" Zeigen Sie den Kindern, was Sie zum Beispiel in dem Tanzkurs, den Sie neuerdings machen, gelernt haben. Das stärkt Ihre Rolle als Autorität auf positive und organische Art und Weise.

Beziehungen vertiefen

Gemeinsame Eltern-Kind-Aktivitäten kosten gewöhnlich anfangs etwas Überwindung seitens der Eltern. Ich kenne das. Aber wenn man dann dabei ist, ist es meistens wunderbar.

Auf Drängen vieler Eltern habe ich eine Zeit lang Kurse für Zweieinhalb- bis Dreijährige angeboten. Ich habe darauf bestanden, dass die Eltern mitmachen. Ich kann Ihnen sagen, dass es allen Beteiligten ungeheuren Spaß gemacht und besonders den Erwachsenen extrem gut getan hat sich mal zu bewegen. So ungefähr ab der sechsten, siebten Stunde allerdings begannen die Eltern sich auch mal hinzusetzen und zu den Kindern zu sagen: „Wir sind doch, hier damit DU tanzt, ich mache mal eine Pause und schaue dir zu." Zum Schluss haben Sie dann die ganze Stunde zugeschaut. Das war nicht Sinn der Sache gewesen, hat mir aber deutlich gezeigt, dass es die Eltern scheinbar viel Kraft gekostet hat, diese fünfundvierzig Minuten einmal in der Woche konzentriert zusammen mit ihren Kindern zu verbringen. Dabei haben Sie noch sich, den Kindern und der Beziehung zueinander gut getan.

Ich möchte Sie ermuntern, sich zu einer regelmäßigen gemeinsamen Zeit mit Ihren Kindern aufzuraffen. Gerade im Tanz ist das sehr leicht möglich. Und gerade der Tanz bietet die Chance, sich unmittelbar und direkt zu begegnen und nahe zu kommen. Sie können sich auf einer neuen Ebene verbinden, und die Beziehung zu Ihrem Kind wird eine andere Qualität bekommen.

Organischer Tagesablauf

Zu diesem Punkt muss ich wohl gar nicht sehr ausführlich werden. Es ist offensichtlich, dass die Nachmittagsgestaltung zu Hause und der Tagesablauf insgesamt organischer werden, wenn man nach dem Kindergarten nicht noch irgendwo hin hetzen muss.

Bewegung ist in unserem Alltag heutzutage eher ein Störfaktor. Spätestens in der Schule sollen die kleinen Menschen stillsitzen, zuhören und lernen, was die großen Menschen für richtig halten. Unsere Wohnräume sind in den allermeisten Fällen nicht für spontane Bewegung geeignet, und nicht jeder kann einfach die Tür aufmachen und die Kinder in den Hof oder in den Garten gehen lassen, damit sie sich austoben können. Um so wichtiger ist es in meinen Augen, Bewegung als wesentliches Bedürfnis des Menschen wiederzuentdecken (wir hatten es alle als Kinder) und als selbstverständlichen Teil unseres Lebens in den Alltag zu integrieren. Das gilt auch und in besonderem Maße für die Erwachsenen. Unterstützen Sie Bewegung bei sich und den Kindern; der ganze Mensch profitiert davon, das ist Ganzheitlichkeit pur.

Im Kindergarten finde ich, wie bereits gesagt, den Morgen optimal als Zeitpunkt für Tanz. Je selbstverständlicher das Tanzen beginnt und aufhört, desto besser für die Kinder. Sie müssen ihnen nicht erklären: „So, jetzt fangen wir an mit dem Tanzen". Fangen Sie einfach an zu tanzen, für sich. Die Kinder machen dann schon mit.

Warum gerade Tanz?

Natürlich in erster Linie, weil Tanzen Spaß macht! Na gut, mir jedenfalls ... Hier einige der vielen Dinge, die Tanz bewirkt - Tanz entwickelt, trainiert und differenziert:

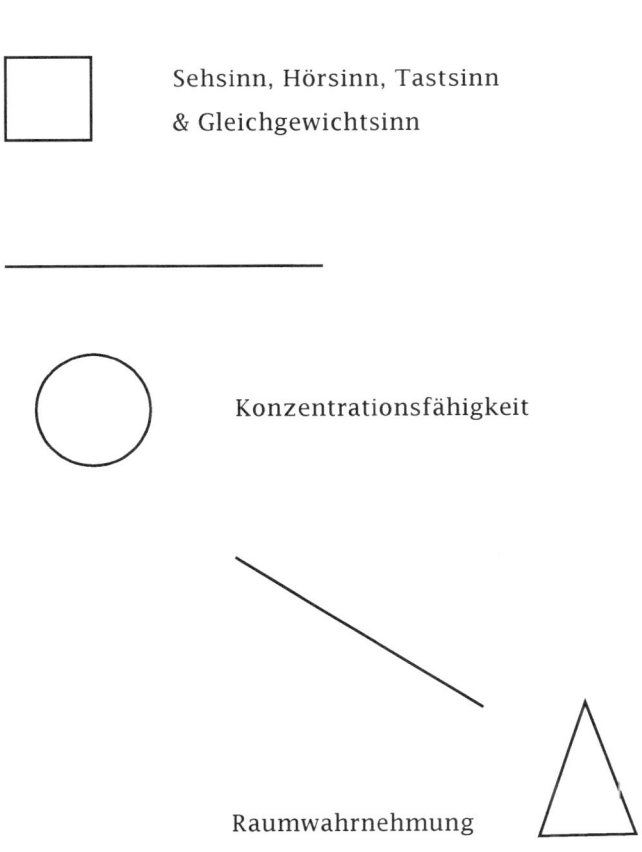

Sehsinn, Hörsinn, Tastsinn
& Gleichgewichtsinn

Konzentrationsfähigkeit

Raumwahrnehmung

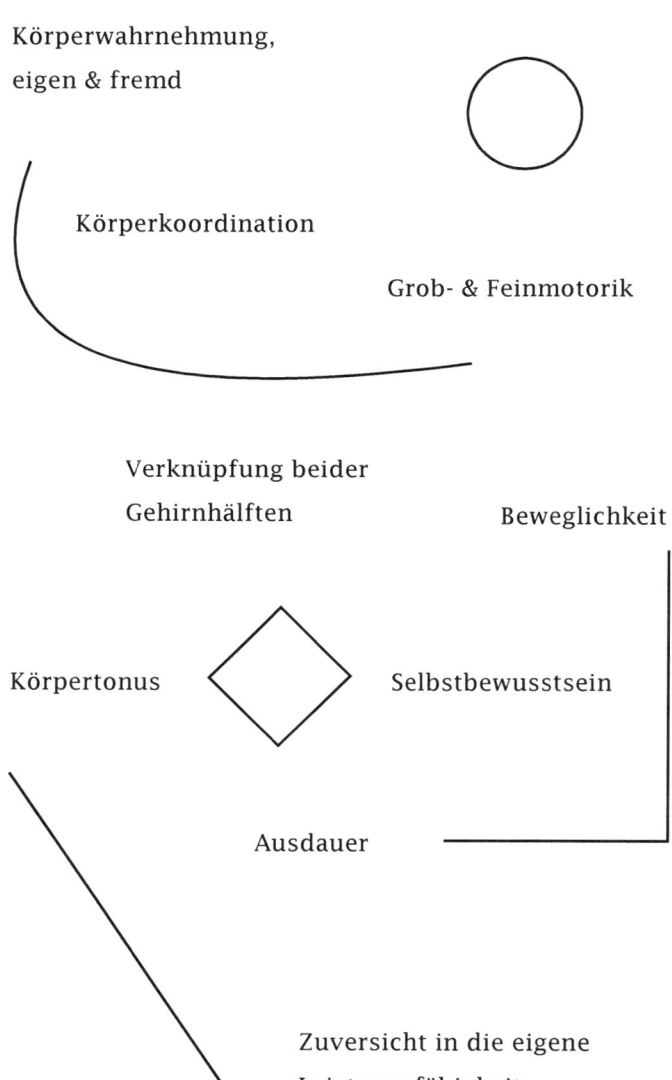

Körperwahrnehmung,
eigen & fremd

Körperkoordination

Grob- & Feinmotorik

Verknüpfung beider
Gehirnhälften

Beweglichkeit

Körpertonus

Selbstbewusstsein

Ausdauer

Zuversicht in die eigene
Leistungsfähigkeit

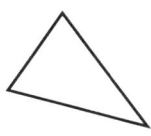

Gedächtnis, sowohl in Bezug auf
das Gehirn als auch auf den Körper
als „Speicherort"

Kreative Aspekte der
Persönlichkeit

Rücksicht auf Andere

Rhythmusgefühl

Musikalisches
Verständnis

Persönlichkeit

Körperliche, seelische
& geistige Präsenz

Sensibilität für und in-
tuitives Verständnis von
komplexen Vorgängen

Wie Sie sehen, gibt es viele gute Gründe zu tanzen ...

Gemeinsam *t*anzen

Welcher Raum?

Grundsätzlich ist jeder Raum zum Tanzen geeignet. Natürlich ist es gut, so viel Platz wie möglich zu haben. Aber es tanzt sich auch ganz wunderbar auf engstem Raum. Vielleicht möchten Sie sich im Verlauf Ihres eigenen „Kurses" Ihre Wohnung ertanzen: Die erste Sunde im Kinderzimmer, die zweite in der Küche, die dritte im Wohnzimmer ...
Im Kindergarten entsprechend.

Welche Musik?

Für meinen Unterricht verwende ich grundsätzlich „echte" Musik, das heißt Originalkompositionen bzw. „Erwachsenenmusik". Alles von Klassik, Filmmusik über Folk, Jazz, sogenannter Weltmusik bis hin zu moderner und zeitgenössischer E-Musik. Am Ende dieses Buches habe ich eine Liste mit Vorschlägen zusammengestellt. Es gibt unzweifelhaft ganz wunderschöne Kindermusik. Ich persönlich kann damit aber zu Tanzzwecken nichts anfangen. Was für Sie nichts heißen muss. Das wichtigste ist, dass es Sie und Ihre Kinder inspiriert, dass Sie die Musik gern hören und dass Sie sich gern dazu bewegen. Probieren Sie alles aus. Stellen Sie einen Radio-Sender ein, den sie sonst nie hören würden. Lassen Sie ungewohnte Melodien und Rhythmen auf sich wirken und lassen Sie sich davon überraschen, zu welchen Bewegungen es Sie und Ihre Kinder führt.

Wenn Sie Instrumente da haben, benutzen Sie auch diese. Eine Zeit lang hatten wir eine Geige bei uns zu Hause. Aus Kisten und Kartons haben sich meine Jungs ein Schlagzeug gebaut, eine Gitarre stand zur Verfügung und diverse Flöten. Reihum durfte jeder ein Instrument spielen, und einer hat getanzt. Das waren die wunderbarsten Jam-Sessions, die ich je erlebt habe. Die Lautstärke war nicht unerheblich, aber es hat uns allen einen Riesenspaß gemacht.

Wie lang?

Zwanzig Minuten sind nach meiner Erfahrung ein sehr guter Zeitraum für den Anfang. Zwanzig Minuten sind leicht zu füllen, und für Kinder gut durchzuhalten. Nach und nach können Sie Ihre „Stunde" dann ausdehnen. Ansonsten hängt die Dauer einer „Tanzstunde" natürlich ganz davon ab, wie viel Zeit Sie haben bzw. sich dafür nehmen wollen.

Wie oft?

Meine Kurse gingen immer zwölf Wochen, und die Kinder kamen einmal die Woche zu mir. Sobald sie angemeldet waren, bekamen die Kinder ein Stempelheftchen von mir. Nach jeder Stunde durften sie sich ein Motiv in ihr Heftchen stempeln lassen (ich hatte zwölf verschiedene Tiere zur Auswahl), und zur letzten Stunde gab es, wenn sie das wollten, eine goldene „Ballerina".

Das war ein gutes System. Die Kinder konnten anhand der Heftchen sehen, wie viel noch vor ihnen lag bzw. wie viel sie schon geschafft hatten, und natürlich war der Stempel am Ende der Stunde heiß begehrt und eine Motivation zu kommen, auch wenn man mal nicht unbedingt Lust hatte.

Zwölf Wochen sind ein guter und überschaubarer Zeitraum. Natürlich ist alles andere auch denkbar, beispielsweise zwei Mal pro Woche sechs Wochen lang. Oder auch nur vier Wochen. Oder täglich. Entscheiden Sie sich für ein Modell und bleiben Sie dabei. Legen Sie ein Stempelheftchen für sich und eins für Ihre Kinder an. Wenn Sie das für sich zu Hause planen, stellen Sie sich vor, sie würden einen Kurs unterrichten und legen Sie fest, an welchem Tag und zu welcher Uhrzeit es stattfinden soll. Sie müssen das Ihren Kindern gar nicht sagen. Legen Sie es einfach für sich fest, fangen Sie am festgesetzten Tag zur festgesetzten Zeit einfach für sich an und sagen Sie den Kindern, Sie würden sich jetzt einen Stempel ertanzen. Die Kinder werden schon kommen.

Wer?

Laden Sie Freunde Ihrer Kinder dazu ein, oder Ihre Freunde, die auch Kinder haben. Laden Sie ältere Geschwisterkinder ein mitzumachen. Laden Sie Ihren Partner, Ihre eigenen Geschwister, Eltern, Tanten, Onkel ... ein. Alle, die in der Nähe wohnen und Lust haben mitzumachen. Natürlich richtet sich das auch danach, wie viel Platz Sie in Ihrer Wohnung haben. Bei gutem Wetter können Sie das Ganze auch nach draußen verlegen, in den Hof, Garten, in einen Park, an einen See ... Ganz nach Lust und Laune.

Sie könnten den „Kurs" auch zusammen mit einer befreundeten Familie planen und durchführen, mal bei dem einen, dann beim anderen. Oder einfach da, wo mehr Platz ist, dann ist einmal einer „Lehrer", dann der andere.

Oder Sie planen es ganz exklusiv als Zeit für sich und Ihr Kind, eine besondere gemeinsame Zeit nur für Sie beide.

Was genau?

Was genau Sie mit Ihren Kindern zusammen machen wollen, hängt davon ab, welche Ziele Sie verfolgen. Was genau möchten Sie erreichen? Einen möglichst kreativen Umgang mit sich, der sich über die eigene Körperlichkeit ausdrückt? Mehr Beweglichkeit? Überschüssige Energie abbauen? Einfach nur gemeinsam Zeit verbringen? Denken Sie darüber nach, bevor Sie anfangen. Sie können dann gezielt Elemente für die Tanzstunde aussuchen.

Ziehen Sie sich um für die Tanzstunde. Bequeme Kleidung ist natürlich gut, aber auch Kostüme sind sehr inspirierend, vor allem für die Kinder. Probieren Sie auch unterschiedliche Schuhe, tanzen Sie barfuß, setzen Sie sich und Ihren Kindern Hüte und Mützen auf den Kopf, beziehen Sie sämtliche Requisiten mit ein, auf die Sie oder Ihre Kinder Lust haben.

Alles, was ich im Folgenden aufführe sind Anregungen. Ergänzen und ändern Sie nach Belieben und Bedürfnis, bauen Sie alles ein, was Sie bereits können, lesen Sie noch andere Bücher zu bestimmten Bereichen, die Sie interessieren, reden Sie mit Fachleuten, tun Sie alles, was Ihnen wichtig und richtig erscheint. Sind Sie im Zweifel, ob eventuell eine bestimmte Übung Schaden anrichten könnte, lassen Sie sie weg oder lassen Sie es sich von einem Profi genau beibringen.

Zunächst ein klein wenig Theorie. Es ist wichtig zu wissen, dass jede Bewegung zwei Koordinaten hat, die sie bestimmt:

1. Raum

Jede Bewegung hat einen Ort, an dem sie stattfindet , eine bestimmte Größe und eine Richtung, in die sie sich entwickelt.

2. Zeit

Jede Bewegung hat ein bestimmtes Tempo und einen Rhythmus.

Dazu könnte ich eine ganze Menge schreiben, und das sind auch nur die allergrundlegensten Aspekte. Aber sie bilden die Basis, auf der alles andere aufbaut. Schon allein daraus könnte man mehrere abendfüllende Ballette choreographieren. Scheuen Sie sich also nicht, mit räumlichen und zeitlichen Aspekten von Bewegung zu experimentieren, wenn es Sie zu so etwas hinzieht. Wenn nicht, ignorieren Sie es einfach.

Das Modul-System in meinem Unterricht hat sich sehr bewährt, weshalb ich es Ihnen ans Herz legen möchte. Ich habe verschiedene Kategorien gefunden, die ich im Laufe der Zeit immer weiter gefüllt und daraus immer genau das genommen habe, was gerade als Struktur-Element oder Grundlage angemessen war.

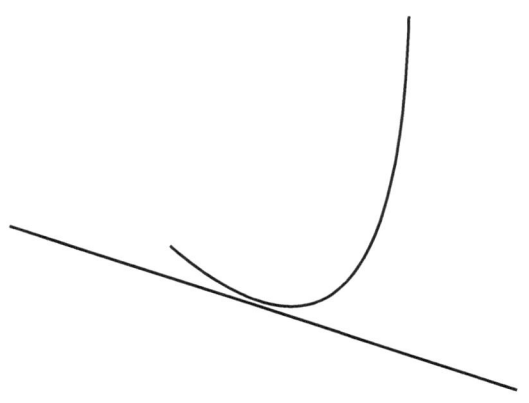

Improvisation

Für Improvisationen braucht man „Spielregeln" oder Situationen, mit denen man anfangen kann. Daraus kann sich alles mögliche entwickeln, vielleicht sogar ein kleines Tanztheater-Stück. Achten Sie darauf, dass es im körperlichen Ausdruck bleibt, vereinbaren Sie vorher, dass der Mund zugeschlossen und die Ohren aufgeschlossen werden, und wählen Sie eine in der Stimmung passende Musik aus.

Lassen Sie sich von meinen Vorschlägen nicht begrenzen. Bieten Sie vielleicht einen davon den Kindern an und lassen dann die Kinder weiterentwickeln oder neu erfinden. Meine Vorschläge sind eigentlich nur „Notanker", um vielleicht das erste Mal etwas zu haben, womit man anfangen kann, oder falls Ihnen oder Ihrem Kind ausnahmsweise mal partout nichts einfallen will.

Für meinen Unterricht war es an dieser Stelle hilfreich, sehr aussagestarke Musik zu haben, das heißt Musik, die schon ganz viel (an Stimmung) vorgibt.

Beispiele für Ausgangssituationen:

- der Raum, in dem getanzt wird, ist ein See/ Wald/eine Wüste, Gebirgslandschaft .... Die Tiere, die dort leben, versammeln sich, um einen Regentanz zu machen

- Hexen tanzen einen Hexentanz

- Indianer tanzen einen Indianertanz

- Feen, Elfen und Trolle tanzen einen Reigen

- Aus einem See ragen große Steine hervor – von Stein zu Stein gelangen

- Im Winter: Schneeflocken fliegen durch die Luft; Eiszapfen schmelzen in der Sonne

- Im Herbst: Blätter fallen von den Bäumen, werden vom Wind weggepustet; es regnet und die Regentropfen werden am Boden zu einer Pfütze, dann zu einem Bach

- Im Sommer: Hummeln und Bienen schwirren durch die Luft; Schmetterlinge fliegen von Blüte zu Blüte

- Rohe Eier werden auf dem Kopf/auf der Nasenspitze/ in einer Hand/auf der Schulter/auf einer Fußspitze...balanciert (natürlich nicht echte rohe Eier sondern nur Phantasie-Eier)

Beispiele für „Spielregeln":

- Anfangspunkt und Ausgangshaltung werden festgelegt und sofort wieder eingenommen, wenn man klatscht/mit dem Fuß aufstampft/etwas bestimmtes ruft ...

- Alle Bewegungen müssen auf einem Bein stattfinden

- Nur ein Arm darf bewegt werden

- Es darf nur auf dem Boden getanzt werden (das heißt: zusätzlich zu mindestens einem Fuß muss mindestens ein anderer Körperteil den Boden berühren)

- Einer steht und zählt bis vier, währenddessen tanzt ein anderer; dann die Rollen tauschen

- Man darf nur drehende Bewegungen machen

- Eine sehr schmale Brücke führt über einen Fluss, und alle balancieren tanzend darauf hin und zurück

- Man darf sich nur rückwärts bewegen

- Man darf sich nur in Zeitlupe bewegen

- Man muss sich in Zeitraffertempo bewegen

Am Boden

Mit Sequenzen am Boden kann man ein Ruhemoment in die Tanzstunde bringen. Dementsprechend wäre ruhige, langsamere Musik hier angemessen. Dehnübungen können am Boden gut ausgeführt sowie die Beweglichkeit einzelner Körperteile gut untersucht werden. Auch kann man gut an der Muskelkraft arbeiten. Das alles sollte so spielerisch und leicht wie möglich sein. Finden Sie Bilder für alles, was Sie tun. So macht es auch Ihnen mehr Spaß sich zum Beispiel zu dehnen.

Gerade auf dem Boden werden Kinder unglaublich kreativ und machen auch die schwierigsten Dinge. Der Rollentausch kommt hier häufig und mit Begeisterung, also lassen Sie Ihre Kinder hier Lehrer sein und seien Sie mal Schüler.

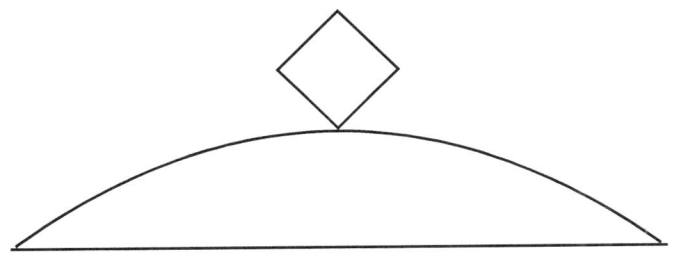

- auf dem Rücken liegend, die Beine ganz weit von sich strecken und gleichzeitig die Arme lang an den Seiten des Kopfes nach hinten strecken (Fußspitzen wollen die eine Wand und die Fingerspitzen gleichzeitig die andere Wand berühren)
- sitzend die Beine lang nach vorn strecken; einen ganz runden Schildkrötenpanzerrücken machen, dann einen kerzengeraden Rücken mit einem langen Giraffenhals machen; die Arme bis zur Decke hochstrecken und dann langsam bis über die Zehenspitzen „bis nach Amerika" strecken; der Kopf hängt zwischen den Armen wie ein Ballon ohne Luft und die Beine sind so durchgestreckt wie möglich
- sitzend die Fußsohlen aneinander legen, mit den Händen die Füße umfassen und schaukeln (man kann in dieser Position seitwärts über den Rücken rollen und auf der anderen Seite wieder hochkommen); dann die Arme zur Seite/nach oben strecken und weiterschaukeln; kippen Sie um und setzen Sie sich wieder auf
- auf dem Bauch liegend Arme und Beine wie auf dem Rücken ganz weit vom Körperzentrum wegstrecken; dann einen Arm heben, den anderen, beide zusammen; das gleiche mit den Beinen; ganz wichtig dabei: immer von der Körpermitte wegstrecken, auch in der Aufwärtsbewegung, damit nichts im Rücken „gequetscht" wird
- im Schneidersitz, die Arme neben dem Körper, die Handinnenflächen zeigen zur Decke; stellen Sie sich vor, Sie sitzen auf

Erde oder Sand und „schaufeln" mit einer Hand diese Erde oder den Sand auf und werfen ihn über den Kopf zur anderen Seite; dann mit der anderen Hand zur anderen Seite; dann mit beiden Händen von vorne (vor dem Körper) über den Kopf nach hinten

- im Schneidersitz; stellen Sie sich vor, vor Ihnen auf dem Boden liegt ein Ball, der so groß ist, dass Sie ihn gar nicht ganz umfassen können; machen Sie Ihre Arme so rund wie diesen Ball, heben Sie ihn hoch, bis Sie an die Decke schauen (stellen Sie sich dabei vor, es würde jemand Ihren Kopf halten und stützen, damit der Nacken lang bleibt und die Schultern entspannt sind); da verwandelt sich der Ball in einen großen Luftballon, so dass der Ballon hochfliegt, sobald Sie die Arme zu beiden Seiten öffnen

- sitzend die Beine lang nach vorn strecken und die Füße strecken; der große Zeh „will bei der gegenüberliegenden Wand den Boden berühren" („point"); dann die Zehenspitzen „bis zur Nasenspitze" hochziehen und gleichzeitig die Fersen „bis zur gegenüberliegenden Wand" wegstrecken („flex"); diese Übung kann man auch gut auf dem Rücken liegend mit angehobenen Beinen machen (dann ist der Bezugspunkt nicht die gegenüberliegende Wand sondern die Decke), sie hat dann noch eine etwas andere Wirkung (probieren Sie´s aus, wenn Sie wissen wollen, welche ....)

Drehen

Drehen um die eigene Achse ist ein Spaß, den man sich kein einziges Mal entgehen lassen sollte. Wichtig ist, dass sie dabei nicht auf die Füße schauen, sondern geradeaus. Das hält Sie aufrecht, und Sie können dadurch länger drehen. Natürlich kriegt man einen Drehwurm, und das ist ein Teil des Spaßes. Drehen Sie in beide Richtungen, variieren Sie die Armhaltung, halten Sie sie seitlich oder hoch oder vor- und zurück gestreckt, probieren Sie alles aus, was Ihnen einfällt.

Dann können Sie auch mal versuchen auf einem Bein zu drehen. Vorsicht dabei mit den Armen – wenn Sie zu viel Schwung nehmen, wirft der Schwung Sie um. Aber experimentieren Sie auch damit: lassen Sie im Stehen zunächst die Arme schwingen, seitwärts, vor und zurück, um den Körper herum. Lassen Sie diese Bewegungen immer größer und kräftiger werden und erlauben Sie Ihrem Körper darauf zu reagieren.

Was die Kinder in meinem Unterricht geliebt haben, war, wenn ich sie gedreht habe. Dabei fasst ein Kind locker mit einer Hand meinen Zeigefinger, den ich über den Kopf des Kindes halte. Dann drehe ich das Kind daran, erst in eine Richtung, dann in die andere. In dieser Übung können die Kinder sehr gut lernen, ihre eigene (senkrechte) Körperachse wahrzunehmen und sich auf der gleichen Stelle zu drehen. Sie können das leicht über Ihren Finger/Arm steuern. Sie können auch für jede Drehung einen Drehimpuls geben. Das ist besonders hilfreich für Kinder, die sich nur zaghaft trauen zu drehen. Sie werden dadurch immer sicherer.

Es macht auch Spaß, wenn man zwei Kinder gleichzeitig dreht, eins an jedem Zeigefinger, mal in die gleiche Richtung, mal gegengleich.

Von der Musikauswahl her mag ich an dieser Stelle immer sehr gern Walzer oder Stücke im Sechsachteltakt.

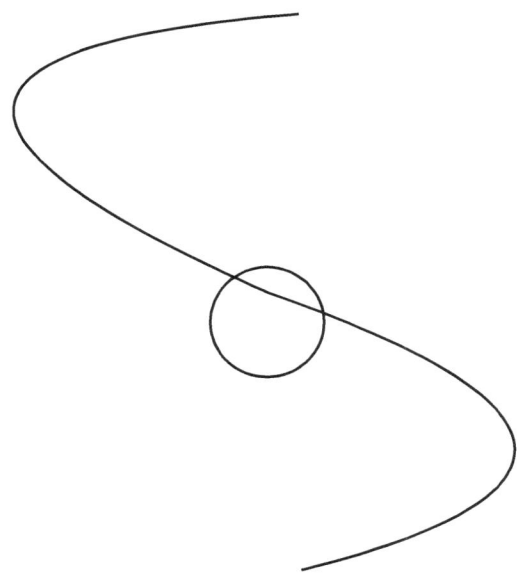

Hebungen

Heben Sie Ihre Kinder und lassen Sie sie in der Hebung durch die Luft springen, sausen, fliegen. Achten Sie dabei in jeder Phase der Hebung (beim Hochnehmen, beim Halten und beim Absetzen) unbedingt darauf, dass Ihr Rücken gerade und aufrecht ist.

Kinder lieben es sich heben zu lassen. Es ist ein wunderschönes Erlebnis, zu fliegen, gedreht zu werden, über den Kopf von Mama oder Papa zu „springen"!

Hier kann man ganz hervorragend mit den Kindern richtig abspringen und landen üben.

Bevor ich mit der KinderTanzSchule angefangen habe, wusste ich gar nicht, wie schwer vielen Kindern die richtige Koordination beim Springen fällt. Ich habe die erstaunlichsten Sachen erlebt, zum Beispiel Kinder, die versucht haben von gestreckten Beinen abzuspringen und Kinder, die beim Landen grundsätzlich gefallen sind.

Wie also springt man richtig?

Beide Füße stehen fest auf dem Boden (inklusive Fersen), die Knie werden gebeugt (sie zeigen dabei über die Zehenspitzen), und dann strecken sich alle Bein- und Fußgelenke gleichzeitig, während man das Gefühl hat, Kraft nach unten zu schicken (das ist wie der Rückstoß bei der Rakete). Zuletzt lösen sich die Zehen vom Boden. Beim Landen passiert das gleiche, nur rückwärts: zuerst berühren die Zehen den Boden, dann werden alle Fuß- und Beingelenke gleichzeitig gebeugt, bis beide Füße ganz (inklusive Fersen) auf dem Boden gelandet sind, während man das Gefühl hat, dass Energie nach oben geht.

Das ist ein ganz grundlegendes Prinzip: Wenn man eine Bewegung in eine Richtung macht, muss genauso viel Energie in die entgegengesetzte Richtung geschickt werden, damit die Bewegung kontrolliert ausgeführt werden kann. Das klingt hier ziemlich abstrakt, aber probieren Sie es im Alltag aus, beim Hinsetzen, beim Aufstehen, ja sogar und besonders beim Gehen und Sie werden merken, wie viel bewusster und kontrollierter, besser koordiniert Sie Bewegungen auf einmal ausführen können.

Beim Heben ist es wichtig mit dem Kind zusammen die Knie zu beugen und zu strecken, sowohl beim „Absprung" als auch bei der „Landung". Sie können das mit Ihren Kinder in Zeitlupe üben, es wird ihre Koordination wesentlich verbessern. Noch dazu sparen Sie sich das Gewichtheben im Fitnessstudio.

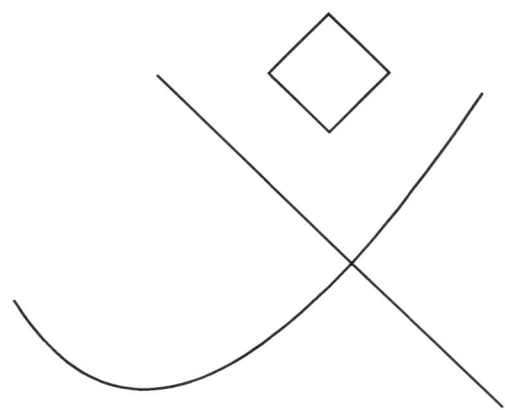

Springen

Wann sind Sie das letzte Mal gesprungen? Und wussten Sie, dass es nur fünf verschiedene Möglichkeiten zu springen gibt? Natürlich rede ich hier nicht von Akrobatik oder Kunstturnen, sondern von den grundlegenden Sprungarten, von denen sich alles andere ableitet. Einige davon machen anfangs „Knoten im Gehirn", weil sie so ungewohnt sind, aber wenn man es dann raus hat, macht es sehr viel Spaß. Variieren Sie die Sprünge in alle Richtungen, nach vorn, nach hinten, seitwärts. Machen Sie den gleichen Sprung mehrmals hintereinander und kombinieren Sie dann verschiedene Sprungarten. Experimentieren Sie auch mit dem Tempo, besonders mit schnellen, kleinen Sprüngen; das ist sehr anspruchsvoll in der Koordination. Probieren Sie Armhaltungen oder Armbewegungen zu einem Sprung aus, auch der Oberkörper kann im Sprung die unterschiedlichsten Haltungen einnehmen. Achten Sie nur darauf, dass Sie immer gerade landen.

Wie man richtig springt, habe ich bereits bei „Hebungen" beschrieben. Das gilt grundsätzlich und für alle Varianten.

Bevor ich Ihnen die Sprungarten aufzähle, versuchen Sie selbst mal zu überlegen!

- von einem Bein auf das gleiche
- von einem auf das andere
- von beiden Beinen auf beide Beine
- von beiden Beinen auf ein Bein
- von einem Bein auf zwei Beine

Rhythmische Übungen

Für die Musikalischen unter Ihnen wird dieser Punkt nicht schwer sein. Für alle anderen ist es eine gute Gelegenheit das Rhythmusgefühl zu schulen.

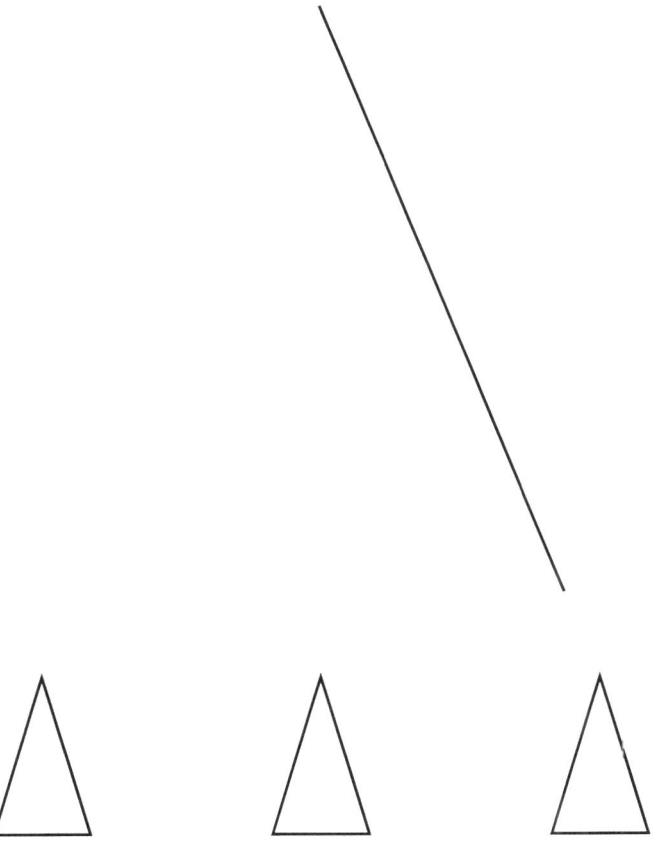

- knien Sie auf dem Boden und klatschen Sie mit beiden Händen auf den Boden, die Oberschenkel, in die Hände (das ist der Grundschlag eines Dreivierteltakts bzw. eines Walzers); Sie können dabei sagen „Boden, Beine, Hände" oder auch „eins, zwei, drei" zählen; die Betonung ist auf „Boden" bzw. „eins", der Schwerpunkt eines Dreivierteltaktes ist also auf der „eins"; machen Sie keine Pause nach „Hände" bzw. „drei"!

- in der gleichen Position klatschen Sie auf den Boden, auf die Beine, in die Hände, an den Kopf; sprechen Sie auch hier mit oder zählen Sie „eins, zwei, drei, vier" (hier haben Sie den Grundschlag eines Viervierteltakts), die Betonung ist wieder auf „eins"

- klatschen Sie beide Takt-Arten erst langsam, dann immer schneller

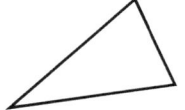

- üben Sie das gleiche stehend/gehend; zuerst den Dreivierteltakt: Beim ersten Schritt trampeln Sie und beugen das Knie, auf „zwei" und „drei" machen Sie ganz leichte Schritte auf Zehenspitzen und gestreckten Beinen; im Viervierteltakt ebenso auf „eins" einen trampelnden Schritt mit gebeugtem Knie, dann drei leichte Schritte auf Zehenspitzen mit gestreckten Knien; kleine Kinder können zwar gut bis vier zählen aber nur schwer genau drei oder vier Schritte machen – wichtig ist hier, dass die Kinder die „Schwere" bzw. „Leichtigkeit" der einzelnen Zählzeiten lernen, auch wenn sie dabei mehrere Schritte machen

- stehen Sie nebeneinander an einer Seite des Raumes; gehen Sie gemeinsam zur anderen Seite des Raumes während Sie bis vier zählen und kommen Sie genau auf „vier" drüben an; dann zählen Sie bis drei, dann bis acht etc.; wiederholen Sie das gleiche rückwärts/seitwärts laufend/laut trampelnd/leise schleichend/rennend etc.

- Fassen Sie sich an den Händen/machen Sie einen Kreis; hüpfen Sie rechts herum, zählen dabei bis acht und fallen dann um; das gleiche links herum

Musikalische Strukturen hören und aufgreifen

Das ist eine anspruchsvolle Kategorie, aus der man sich gut bedienen kann, wenn die Kinder meinen, alles andere schon zu können.

Suchen Sie ein Musikstück aus, das möglichst klar und einfach strukturiert ist.

Das kann zum Beispiel heißen:

- es gibt nur zwei oder drei Instrumente, man darf nur tanzen, wenn das eine, welches man vorher festgelegt hat, erklingt

- es gibt Strophen und einen Refrain; man darf nur zum Refrain tanzen

- die einzelnen Instrumentengruppen sind sehr deutlich zu hören; man darf nur tanzen, wenn zum Beispiel die Pauken schlagen

- die Melodie ist deutlich vom Rhythmus zu unterscheiden; man darf entweder nur den Rhythmus oder nur die Melodie tanzen

Probieren Sie es aus, es ist wirklich nicht einfach, aber eine ganz hervorragende Übung, um das Gehör zu schulen. Es erfordert auch starke und ausdauernde Konzentration, die man bei Kindern immer sehr gut anregen kann, wenn man sie zu Lehrern und sich selbst zum Schüler macht.

Vielleicht fällt Ihnen dazu auch noch etwas anderes ein. Versuchen Sie es mit Musik, die Ihnen und/oder den Kindern nicht sehr vertraut ist, das ist spannender und erschließt den Kindern neue Höroptionen, bestenfalls sogar Hörgewohnheiten.

Rollen, krabbeln, kriechen, hüpfen, fliegen ...

Was bewegt sich auf der Erde? Was hüpft? Was fliegt?

Selbst „große" Kinder, die schon in der Schule sind, lieben es mal wieder krabbeln zu dürfen.

Kriechen Sie wie Krokodile, schleichen Sie wie Schnecken, rollen Sie wie Baumstämme, schlängeln Sie sich wie Schlangen, „schwimmen" Sie wie Fische. Hüpfen Sie wie Kängurus, Hasen, Grashüpfer ... Fliegen Sie wie Bienen, Schmetterlinge, Kolibris, Adler ...

Gehen Sie mit offenen Sinnen durch den Alltag, beobachten Sie, welche Bewegungen um Sie herum passieren, und nehmen Sie alles als Anregung mit zum Tanzen. Alles geht, auch Fahrräder, Autos, Bahnen, Flugzeuge, Verkehrspolizisten, Bälle, Rolltreppen, Fahrstühle ...

Ich habe in meinem Unterricht schon die beeindruckensten Szenen erlebt. Da war zum Beispiel eine kleine Gruppe von Schulkindern, die immer wieder „Autoverkehr" als Improvisationsgrundlage ausgewählt hat. Da gab es dann Ampeln, Verkehrspolizisten, Autos, Motorräder, Regeln, wer aus welcher Richtung kommend Vorfahrt hatte usw. Das wirklich erstaunliche daran war, dass es eben keine Pantomime, sondern Tanz wurde. Das heißt, es ist diesen Kindern gelungen, wesentliche Bewegungsqualitäten zu erspüren und umzusetzen, so dass zuschauende Eltern ganz unterschiedliche Dinge in diesem Tanztheater-Stück gesehen haben.

Plié

Eine der allerwichtigsten Fähigkeiten beim Tanzen ist das Knie-Beugen und wieder strecken. Im Ballett, im zeitgenössischen Bühnentanz, im Show- und Jazztanz heißt das Knie-Beugen „Plié". Das ist französisch und bedeutet, genau, „beugen". Das richtig zu tun, ist nicht nur für Tänzer unerlässlich, sondern für jeden Menschen, der auch nur geht. Hier die Beschreibung:

- stehen Sie mit gestreckten Beinen auf beiden Füßen; gut wäre, wenn Sie sie parallel nebeneinander stehen hätten

- stellen Sie sich vor, unter Ihren Füße seien Dreiecke (von großem zu kleinem Zeh, zur Ferse und wieder zum großen Zeh), und verteilen Sie das Körpergewicht gleichmäßig auf beide Füße/Dreiecke; das stabilisiert Sie

- stellen Sie sich vor, in den Hüftgelenken sei-
  en kleine Luftpolster, die Sie in Gedanken
  aufpumpen; das richtet Ihr Becken auf

- stellen Sie sich vor, sie hätten einen gaaaaanz
  langen Giraffenhals

- stellen Sie sich weiterhin vor, Sie würden von
  einem Faden, der am höchsten Punkt Ihres Hinterkopfes befestigt ist, nach oben
  gezogen; das streckt Ihre Wirbelsäule

- aus dieser Position heraus beugen Sie nun
  Ihre Knie, wobei die Knie über die Zehen
  zeigen; der Faden am Hinterkopf zieht Sie
  währenddessen weiter nach oben, die
  Luftpolster halten weiterhin Ihr Becken
  aufrecht und die Dreiecke unter Ihren
  Füßen stabilisieren Sie

- Beenden Sie die Bewegung, bevor Ihre Fersen
  sich vom Boden lösen

- während Sie die Beine wieder strecken, stellen Sie sich vor, Ihre Füße würden den
  Boden wegdrücken

Üben Sie das mehrmals täglich; Ihre Kinder (und Sie
natürlich auch) werden ganz beiläufig und nebenbei
durch diese Übung Wesentliches für ihre Haltung und
ihre Gelenke lernen.

Spot beim Drehen

Vielleicht haben Sie schon einmal in einem Ballett eine Tänzerin oder einen Tänzer Pirouetten drehen sehen und sich gefragt, ob ihr oder ihm nicht schwindlig dabei wird. Die Antwort ist: doch, aber man kann den Schwindel-Effekt reduzieren, einerseits durch Übung und andererseits durch den „Spot".

Folgende Übung dazu:

- Suchen Sie sich einen Punkt an der gegenüberliegenden Wand, der auf Augenhöhe liegt, und den Sie gut sehen können

- Fixieren Sie diesen Punkt mit den Augen

- Drehen Sie Ihren Körper und halten Sie den Kopf so lang in der Ausgangsposition, bis Sie mit Ihrem Körper etwa eine halbe Drehung gemacht haben

- Drehen Sie jetzt den Kopf in einer einzigen Bewegung, so dass er dem Körper die zweite Hälfte der Drehung voraus ist, und fixieren Sie wieder den Punkt an der gegenüberliegenden Wand

- Lassen Sie Ihren Körper die zweite Hälfte der Drehung machen

Üben Sie das anfangs sehr langsam. Während der Körper dauernd in gleichmäßiger Bewegung bleibt, macht der Kopf nur eine, im Vergleich sehr schnelle Bewegung. Wenn Sie Lust haben, können Sie auch noch darauf achten, dass die Schultern immer über den Hüften bleiben und der Abstand zwischen Schulter und Hüfte auf beiden Seiten während der gesamten Drehung immer gleich ist.

Man kann dabei auch ganz gut vorwärts kommen. Wenn genug Platz ist, kann man sich eine Linie auf den Boden zeichnen oder kleben und auf dieser Linie entlang drehen. Üben Sie in beide Richtungen.

Arme

Die Arme hebt man im Alltag praktisch nie, außer man tanzt, spielt Ball oder hebt etwas. Dabei sind Arme extrem starke Ausdrucksmittel, die Hände übrigens auch. Und das ist wahrscheinlich auch der Grund, warum man immer nicht weiß, was man mit Händen und Armen machen soll, wenn man jemanden gegenübersteht, den man nicht besonders gut kennt. Arme und Hände sagen viel über einen Menschen aus.

Ein überzeugendes Argument, um damit bewusster umzugehen, finden Sie nicht? Probieren Sie:

- strecken Sie Ihre Arme zu beiden Seiten des Körpers aus; stellen Sie sich dabei vor, Ihre Fingerspitzen reichten bis an die Wände, oder jemand zöge an Ihren Fingerspitzen

- Ihre Arme hängen seitlich am Körper; drehen Sie die Handflächen nach vorn, und heben Sie Ihre Arme gestreckt bis neben den Kopf; dabei ziehen die Schultern nach unten; Ihre Handflächen zeigen jetzt nach hinten, drehen Sie sie wieder nach vorn und senken Sie Ihre gestreckten Arme; stellen Sie sich dabei vor, Sie seien ganz unter Wasser und würden sich dadurch hochdrücken

- runden Sie Ihre Arme; stellen Sie sich vor, Sie hielten einen großen Ball fest; bewegen Sie Ihre gerundeten Arme nach oben, zur Seite, nach unten, im Kreis

- die Arme hängen neben dem Körper; heben Sie die Ellenbogen und lassen Sie die Unterarme und Hände folgen; drehen Sie die Bewegung um: starten Sie mit nach oben gestreckten Armen, und lassen Sie die Ellenbogen die Bewegung nach unten beginnen

Das sind natürlich nur ganz wenige, knappe Übungen. Eine gute Art, Armbewegungen auszuprobieren, ist entweder im Schneidersitz oder auf dem Rücken liegend. So hat man mehr Kontakt zum Boden und fühlt sich anfangs nicht so verloren und bloß. Nach und nach können Sie es im Stehen üben und dann immer mehr und bewusster in einen Gesamtbewegungsfluss integrieren.

Wichtig zu wissen ist, dass die Arme sehr viel Gewicht haben. Beim Gehen halten sie wie Pendel das Gegengewicht zur Bewegung der Beine. Versuchen Sie mal wie ein Roboter zu laufen: rechter Arm und rechtes Bein bewegen sich nach vorn, dann linker Arm und linkes Bein. Anschließend gehen Sie wieder normal (rechter Arm, linkes Bein, linker Arm, rechtes Bein). Halten Sie jetzt die Arme ganz steif beim Gehen und erlauben Sie den Armen keine Bewegung. Probieren sie es dann mit übertrieben großer Bewegung. Wie fühlt sich das jeweils an? Wie sieht es aus?

Füße

Je nach Tanzart gibt es die unterschiedlichsten Übungen für die Füße. Dabei kommt es auch sehr wesentlich darauf an, ob man Schuhe trägt, und wenn ja, welche. Die Übungen, die ich hier anführe, machen Sie am besten barfuß oder in Socken.

- setzen Sie sich auf einen Stuhl oder auf den Boden, wichtig ist, dass die gesamte Fußsohle auf dem Boden ist; legen Sie ein Blatt Papier unter Fußballen und Zehen und ziehen Sie dieses Blatt mit dem Vorderfuß nach und nach zur Ferse; lassen Sie Ihre Zehen währenddessen lang und entspannt; sie benutzen dabei unter anderem ziemlich viele Fußmuskeln im Fußgewölbe und bauen somit Kraft in ihrem Fuß auf

- stehen Sie auf beiden Füßen; stellen Sie sich vor, unter Ihren Füßen seien Dreiecke (siehe „Plié"); rollen Sie einen Fuß langsam vom Boden ab, bis nur noch die Zehen auf dem Boden sind, dann strecken Sie die Zehen, bis der ganze, gestreckte Fuß in der Luft ist; setzen Sie die Zehen wieder auf und dann nach und nach den ganzen Fuß; wiederholen Sie mit dem anderen Fuß; wiederholen Sie das Ganze, und lassen Sie den gestreckten Fuß am Standbein hochwandern, bis Sie das Knie erreicht haben; achten Sie darauf, dass Ihr Fuß dabei nicht „sichelt", sondern die Innenkante Ihres gestreckten Fußes (vom großen Zeh zur Ferse) eine gerade Linie bildet

- üben Sie „point – flex" (vgl. „Am Boden"): stehen Sie auf beiden Füßen, strecken Sie einen Fuß vor sich, so dass die Zehen (hauptsächlich der große Zeh) den Boden berühren („point"); dann ziehen Sie die Zehenspitzen zum Körper und strecken gleichzeitig die Ferse vom Körper weg („flex"), berühren Sie dabei mit der Ferse den Boden; dann mit dem anderen Fuß; dann können Sie das gleiche probieren, ohne dabei den Boden zu berühren; achten Sie auf gestreckte Beine, oder beugen Sie sie bewusst; kombinieren Sie das mit Schritten, z. B vier Schritte gehen (bis vier zählen), dann stehenbleiben, Zehenspitzen aufsetzen („fünf, sechs" zählen), Ferse aufsetzen („sieben, acht" zählen)

- sitzen Sie auf dem Boden und lassen Sie sich von Ihrem Kind die Füße strecken; dann strecken Sie Ihrem Kind die Füße

- stehen Sie auf beiden Füßen; rollen Sie sich auf die Zehenspitzen (das Körpergewicht sollte eher auf den großen als auf den kleinen Zehen sein), schicken Sie dabei Kraft in den Boden; bringen sie die Fersen langsam wieder auf den Boden und stellen Sie sich dabei vor, dass Sie Ihren Kopf noch oben strecken und mit ihm die Zimmerdecke berühren wollen

- auf dem Boden sitzend: lassen Sie ihre Füße kreisen, beide in eine, dann in die andere Richtung, dann in entgegengesetzten Richtungen

Ein gutes Gefühl für die Füße zu entwickeln und die Fußmuskulatur zu stärken und differenziert bewegen zu können, ist eine gute Sache. Denn schließlich sind die Füße das, was uns trägt. Eine gute Körperhaltung beginnt bei den Füßen, alles baut darauf auf. Schenken Sie den Füßen daher viel Aufmerksamkeit. Gerade bei kleinen Kindern ist das wichtig. Viele Probleme kann man durch diese einfachen Übungen, wenn man sie richtig und regelmäßig ausführt, vermeiden oder beheben.

Spiele

Wenn man es genau nimmt, sind die hier aufgeführten „Spiele" nichts anderes als weitere Improvisationsgrundlagen. Nur habe ich im Laufe der Zeit Namen dafür gefunden, oder die Kinder haben die Übungen auch irgendwann „getauft". Es sind demnach echte „Renner", Hits sozusagen, die die Kinder mit großer Freude gemacht und sich oft gewünscht haben.

- Hoch- und runterkurbeln: das kann man gut machen, um von einer Sequenz am Boden wieder in die Senkrechte zu kommen; Sie sind in der Hocke, Füße und Knie „kuscheln" (berühren sich); dann heben Sie das Becken bis „zur Decke", während Sie den Kopf zum Boden strecken, dabei stellen Sie sich vor, wie Sie Ihre Beine gerade „kurbeln"; dann wieder zurück in die Ausgangsposition; machen Sie das so oft, wie Sie mögen; zum Schluss „kurbeln" Sie den ganzen Körper hoch, zunächst die Beine, dann den Oberkörper, Wirbel für Wirbel, obendrauf den Kopf, und dann strecken Sie die Arme nach oben, gehen auf die Zehenspitzen und stellen sich vor, Sie würden Kirschen oder Äpfel oder ... pflücken; kommen Sie dabei in Bewegung, sammeln Sie das gepflückte Obst irgendwo etc.

- Verzaubern: wählen Sie eine Playlist mit möglichst unterschiedlichen Musikstücken aus; Ihr Kind/die Kinder suchen sich einen Ort, der ihr „Zuhause" ist, von dort starten sie, und dorthin kehren sie wieder zurück; „verzaubern" Sie die Kinder in zu Beispiel Vögel, und starten Sie dann eine passende Musik; wichtigste Regel: es dürfen keine Geräusche gemacht werden (also kein miauen, brüllen fauchen etc.); Wenn die Kinder genug haben, fliegen sie zurück „nach Hause"; dann verzaubern Sie sie der Reihe nach in Drachen, wilde Tiger, Pferde, Hasen Käfer, Katzen ...

- Stopptanz: ein Klassiker; wenn die Musik läuft, wird getanzt, wenn die Musik stoppt, stoppt die Bewegung, alle „frieren" sozusagen ein („Freeze"); ein Kind kann die Musik stoppen und starten, oder Sie können es tun, oder auch abwechselnd; variieren Sie den Stopptanz, indem Sie in den Freeze-Pausen Anweisungen für die nächste Tanz-Sequenz geben, wie: „Jetzt wird rückwärts getanzt" oder seitwärts, oder auf dem Boden oder oder oder ...

- Spiegel: wählen Sie eine langsame Musik, oder machen Sie dieses Spiel ohne Musik; voreinander stehend machen Sie eine Bewegung vor, die Kinder machen sie nach; gut sind langsame Bewegungen, vor allem mit den Armen; dann können Sie die Rollen tauschen

- Tanz erfinden: erfinden Sie eine kurze Bewegungsfolge, vielleicht über zwei Takte Musik (das heißt, Sie zählen bei einem Viervierteltakt bis acht) und bringen Sie das den Kindern bei; das sollte sehr einfach sein, z.B.: auf „eins, zwei" vorwärts laufen, auf „drei, vier" stehen, auf „fünf, sechs, sieben" drehen und auf „acht" klatschen

- Eckentanz: starten Sie in einer Ecke des Raumes und tanzen Sie in eine andere Ecke, und zwar auf direktem Wege, ohne Schlenker oder Kurven

Beispiel für eine 20-minütige Tanzstunde

Dieses Beispiel folgt der Struktur, die ich im Unterricht vorgegeben habe, wenn von Seiten der Kinder nichts anderes kam, gewünscht oder gebraucht wurde. Am Anfang sollte etwas sein, was den Kreislauf ankurbelt und die Kinder in der Ausdauer fordert. Danach sind sie aufnahmefähiger für Übungen, die Konzentration und intellektuelle Fähigkeiten erfordern. Passen Sie sich dem Rhythmus der Kinder an, finden Sie aber auch die Grenzen, bis zu denen Sie sie bringen können, denn nur so entwickeln sie sich weiter. Zwingen Sie die Kinder jedoch nie, über ihre eigenen Grenzen zu gehen.

Alle in diesem Buch beschriebenen Übungen sind nur für körperlich gesunde Menschen gedacht. Haben Sie oder ihr Kind irgendein körperliches Problem oder eine Verletzung, konsultieren Sie erst einen Arzt und tun Sie nichts worüber Sie im Zweifel sind.

- Stopptanz
- Springen
- Drehen
- Am Boden schaukeln, dehnen
- Aufkurbeln
- Plié
- Füße point-flex
- Improvisation
- Eckentanz

Ich habe meine Stunden immer mit einem kurzen Abschlusstanz und anschließender Verbeugung und Knicks nach beiden Seiten beendet. Vielleicht möchten Sie das auch so handhaben, die „Stunde" wir dann schön rund, und die Kinder wissen, wann Schluss ist.

Über Kindertanzkurse

Wenn ich Sie bisher nicht davon überzeugen konnte, dass es sinnvoller ist, Ihre kleinen Kindergartenkinder zu Hause selbst durch Tanz zu fördern bzw. Tanz im Kindergartenalltag als etwas ganz Normales einzubauen, möchte ich Ihnen in diesem Kapitel wenigstens sagen, worauf Sie meiner Meinung nach achten sollten, wenn Sie Ihr Kind in einem Kurs anmelden möchten. Diese Hinweise gelten natürlich auch für Kurse, die für Schulkinder angeboten werden.

Machen Sie sich kundig, welchen professionellen Hintergrund die Person hat, die den Kurs anbietet, den Sie für Ihr Kind interessant finden. Überlegen Sie genau, was Sie von dem Kurs erwarten, und finden Sie heraus, ob das, was der Lehrer/die Lehrerin anbietet sich mit dem deckt, was Sie haben möchten (zum Beispiel durch Gespräche mit dem Lehrer/der Lehrerin oder durch Recherchen im Internet zu dieser Person oder durch Gespräche mit Eltern und Kindern, die diesen Kurs bereits gemacht haben).

„Kreativer Kindertanz" ist keine geschützte Bezeichnung und kann wirklich alles bedeuten. Kreativ sind Ihre Kinder von Geburt an, das müssen sie nicht lernen, auch muss die Kreativität nicht gefördert werden, sondern es muss der kreativen Entfaltung Raum gegeben werden. Tanzpädagogen haben im allergünstigsten Fall gelernt, wie das geht.

Der nächste Schritt ist, aus der Kreativität **Kunst** zu machen. Der künstlerische Prozess besteht, vereinfacht dargestellt, aus drei Schritten: Ein Impuls wird aufgenommen, im weitesten Sinne verarbeitet und in einer sehr persönlichen Form wieder ausgedrückt.

Logischerweise wissen Künstler (also in diesem Fall Tänzer oder Choreographen) am besten, wie dieser Prozess zu vermitteln ist. Hier wiederum ist es wichtig herauszufinden, ob derjenige, der den Kurs anbietet, mit Kindern etwas anfangen kann.

Tanztechnik ist natürlich eine wichtige Sache. Das allerwichtigste, was Sie dazu wissen müssen, ist, **dass Ballett oder eine andere Tanztechnik für Kinder unter sechs Jahren behutsam, spielerisch und ohne Leistungsdruck vermittelt werden sollte.** Der Körper eines Kindes ist vor dem sechsten Lebensjahr nicht dafür gemacht, in extreme Haltungen oder Positionen gebracht zu werden. Je nach der Konstitution des einzelnen Kindes kann es auch mit sechs oder sieben Jahren noch viel zu früh sein. Erkundigen Sie sich beim „Deutscher Berufsverband für Tanzpädagogik", falls Sie im Zweifel sind.

Sehr wichtig ist, dass Ihr Kind sich bei der Person, die den Kurs leitet, aufgehoben, gesehen und angenommen, also mit einem Wort sicher fühlt. Lassen Sie Ihr Kind eine **Probestunde** machen und bleiben auch Sie da.

Egal, für welche Art von Tanz Sie und Ihr Kind sich entscheiden: wenn die Stimmung im Kurs beherrscht wird von Drill, Stress und Druck, sind Sie an der falschen Adresse. Ihr Kind braucht eine entspannte, fröhliche Atmosphäre. Das heißt nicht, dass Chaos und regelloses Durcheinander herrschen sollen. Regeln sind für jedes Tun, zumal in einer Gruppe, unerlässlich. Aber die Stimmung kann ja gleichzeitig entspannt und konzentriert sein, und das ist das, was Sie vorfinden sollten.

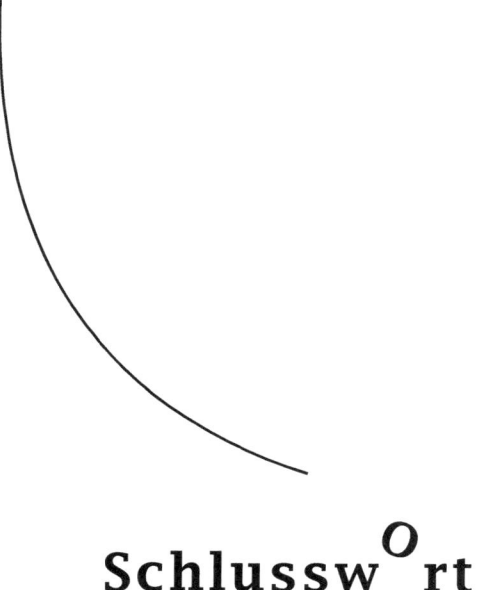

Schlusswort

Im Sommer 2020 habe ich in meiner Eigenschaft als Künstlerin ein Projekt begonnen. Ich wollte wissen, was den Menschen in meiner Umgebung wichtig ist. Drei Fragen sollten beantwortet werden, und zwar jeweils nur mit einem Wort. Über 100 Menschen im Alter von 14 bis über 80 Jahren haben bisher dabei mitgemacht. Die drei Fragen lauten: Was ist Gesundheit? Was ist Sicherheit? Was ist ein lebenswertes Leben? Die Antwort, die am häufigsten auf alle drei Fragen gegeben wurde hieß „Familie", auch und vor allem von den Kindern. Ist das nicht bemerkenswert?

In diesem Sinne, liebe Eltern - nur Mut! Tanzen Sie mit Ihren Kindern! Sie können das.

Musik-Tipps

Wie versprochen, hier nun meine Liste. Wie Sie sehen, eine ziemlich wilde Mischung, quer durch die Zeiten und Stile. Lassen Sie sich davon inspirieren und stellen Sie nach und nach Ihre eigenen „Top-Favourites" zusammen, auf die Sie immer wieder zurückgreifen können, und mischen Sie dann Ihre „Klassiker" mit Neuem.

- M. Metzler, J. Baermann, M. Zeller: *Hiddensee Musik*

- Astor Piazzolla: *Adios Nonino*

- La Morisque: *Vom Markte bis zum Hofe*

- Brahms: *Four Hand Piano Music*

- Glenn Gould: *G. F. Händel; Suites for Harpsichord*

- Antonio Vivaldi: *Oboenkonzerte*

- Jozsef Lendvay und Ensemble: *Lendvay*

- Stephane Grapelli: *The best of*

- Henry Mancini and his orchestra: *The pink panther*

- Dave Brubeck: *Greatest Hits*

- René Aubry: *Ne m´oublie pas* & Plaisirs d´amour*

- Concerto Köln: *C. H. Graun; Cleopatra & Cesare*

- P. Tschaikowsky: *Schwanensee, Der Nussknacker*

- Erik Satie: *Piano Favourites*

- Steve Reich: *Drum pieces*

- Robert Schumann: *Waldszenen, Kinderszenen*

- Peter Lodwick: *Music for modern dance class*

a

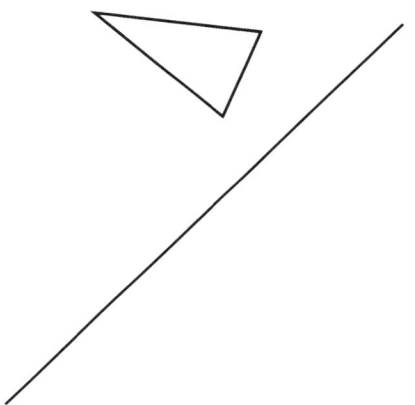

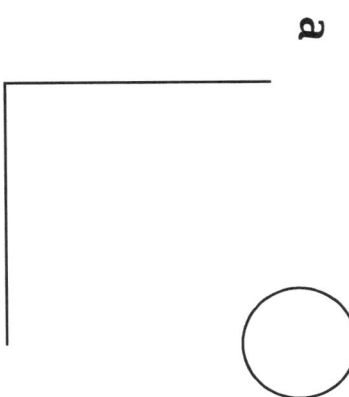

a

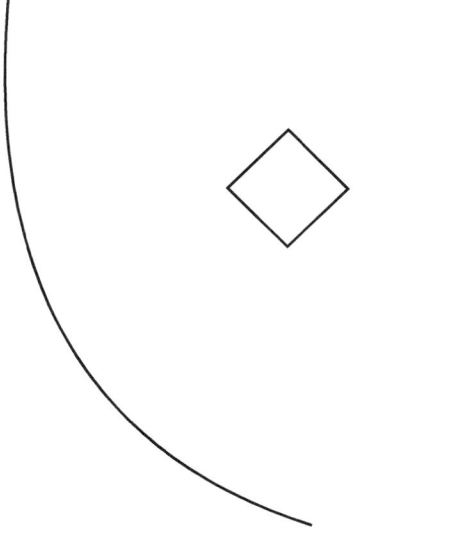

Gabriela Dumitrescu studierte Tanz und Choreographie an der London Contemporary Dance School/ The Place. Sie unterrichtete Laien und Profis in allen Altersgruppen, gründete und leitete die KinderTanz-Schule in Berlin, arbeitete als freie Tänzerin und Choreographin am Theatern und im Film und schuf unter anderem die Tanzszenen in Roland Emmerich´s Kinofilm „Anonymous". Der Ratgeber „Tanzt mit euren Kindern" ist ihr erstes Buch. In den letzten Jahren erweiterte Gabriela das Spektrum ihres künstlerischen Schaffens durch ihre Doinas, Fotos, Collagen, Skulpturen und Performances. Sie lebt mit ihren drei Kindern in Berlin.

Mehr Informationen zu Gabriela´s Arbeiten gibt es unter: gabrieladumitrescu.com

Danksagung

Mein Dank gebührt in erster Linie meinen drei wunderbaren Kindern Katharina, Paolo und Luigi, die meine größten Lehrer waren und sind und ohne deren Dasein ich dieses Buch nie geschrieben hätte.

Maria Schwarz danke ich für die Unterstützung auf so vielen Ebenen und für ihren unerschütterlichen Glauben an mich und meine Projekte. Martin Puttke erwies mir die Ehre des fachlichen Feedbacks zum tanzpädagogischen Aspekts dieses Buchs. Christian Försch und Katrin Bongard haben mir durch ihre Ratschläge und Ermutigungen sehr geholfen. Martina Prior danke ich für ihre Zeit und Tipps. Danke an Jo Siska, der mich durch sein wunderbares Profitraining immer wieder inspiriert hat. Kirsten Röllecke danke ich für den Zuspruch und die Bestärkung.

Danke auch an alle Testleserinnen und Testleser für ihre wertvollen Hinweise und Anmerkungen. Last but not least: danke an alle Eltern, die mir ihre Kinder in der KinderTanzSchule anvertraut haben, und danke an die Kinder, die mich so Vieles gelehrt haben.

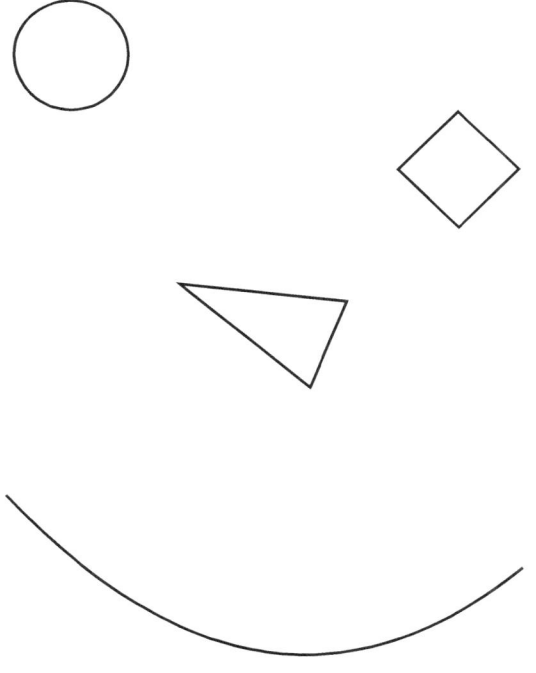